なぜ、京都なのか 2

왜 교토인가 2

Why Kyoto 2

作家の言葉

なぜ、依然として京都なのか

長いアメリカ暮らしを終えて帰国してからも、なにかと縁のあるアメリカにはよく行くことになりました。しかし二〇年が過ぎるとその回数も減り、近くの日本によく行くようになりました。

純粋な旅行というよりは、会議やセミナー、私の詩の朗読とスピーチのため、あるいは、私の詩に曲をつけた楽曲のコンサートなど、なにかしら目的のある旅行でした。

そんなふうに私だけでなくたくさんの人々が行っていた日本も、コロナ19のために空がふさがってしまってずいぶん経ちます。こうして籠って過ごす日常に力を失ってゆく私たちに、なんとしても必要なのが、まさにヒーリングと交流の旅行だというのにです。

ですが、みなそろそろ気づき始めているように、コロナはもう私たちの日常から消えてなくなり、旅行の時間がだんだんと近づいています。

『なぜ京都なのか』の出版は二〇一八年のことです。二〇一一年に日韓両国で『花だけの春などあろうはずもなし』と『君の心で花は咲く』が出た後、スピーチ等でずいぶんたくさん日本を訪れましたが、日本についてあまりにも知らないことに良心が痛み、千年の古都である京都の同志社大学に勉強に行き、二〇一六年に勉強を終えたので、その前後少なくとも四年以上書き継いできたものです。

考えてみれば、近いために何か知っているつもりで訪れた日本は異国であり、晩学の勉強も大変でしたが、数は多くてもわずかな日数ずつでしかない訪問では見ても感じられないものを、帰国後に書き綴ることは容易なことではありませんでした。

たくさんの人々が日本に行き、これからも行くはずですが、私がそうであったように表面をなでるにすぎず、日本の歴史を、あるいは少しだけ注意深くみればみえる日本の文化をみることができません。まして、そこに住む人々とその思いなど知りようがありません。

学び、少しでもわかったことを伝えねばという使命感で執筆にかかり、過去五〇年間における何日かを、そして最近勉強しに行った京都と日本をのぞき込み、私たちとの深い縁と関係を考えました。なぜ日本人が韓国の歌人である孫戸妍の歌碑を青森県の太平洋岸に高く建てたのか、その意味も感じるようになりました。

もう、日本に関してはこの本を出すことで、心の中の宿題をある程度果たすことができたと思っていました。しかし、世の中の趨勢や、人々が京都へ行くとき『なぜ京都なのか』を持ち歩いたり、行ってきては私にあれこれ問う姿をみて、そこに漏れたものがある、まだ十分でないという心が湧き上がってきました。

ですが、何よりも地理的にも、二千年の歴史的にも、血統的にも最も近い仲であるはずの私たちがそうできないことに心が重くなります。

二〇一二年に始まった反日、嫌韓も、待てばよいという美徳も、ほとんど十年が経とうとしています。

愛の反対語は憎悪ではなく無関心であるという言葉は、ここにも該当し、互いの関心がほとんどゼロになってしまったことが惜しまれてなりません。

「隣同士、隣国同士、人類が争うことのないように」と切実に願った母の願いは、完全に私の願いになりました。子孫たちにこのような状況を受け渡してはならないと思います。

コロナ19により世の中は非対面が日常になってしまいました。しかし、事故による私の非対面の時間はその何倍にもなり、その間も日韓関係が、両国国民の無関心がずっと気にかかり、とうとう文章ひとつひとつをまたぽつぽつと書くことになりました。

韓国とアメリカの文化が身についた私が、どうしたことか日本通として知られることになり、日本に関する本はもう十分だという思いを変えて、こうして『なぜ京都なのか2』を出版することになりました。

最初の『なぜ京都なのか』は同志社大学を卒業した後にも京都をよく訪れながら書きましたが、この

『なぜ京都なのか2』は、京都には行けずに回想しながらコロナ感染が拡大する前に書きました。

しかし、前作の中のエッセイに続き、ここに収めた篇のエッセイにも暖かな心を込めました。

どんなときでも希望を捨てはしません。依然として世の中は善良であり、私たちの関係も、二千年も続いてきた至近距離の日韓関係も、再び美しくなることができるという信念を持ちます。


隣いて胸にも近き国なれと無窮花を愛でてさくらも愛でて

孫戸妍

孫戸妍　李承信　親子詩人の家

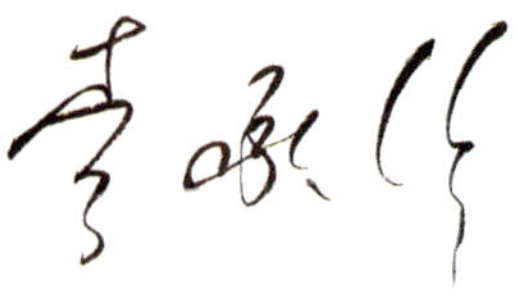

目次

六畳間

私の住んだ町

年賀状

味と茶

母の千鳥ヶ淵

コラムと記事

六畳間

六畳間

詩人の尹東柱が一九四〇年代の日本留学時代に住んだ部屋が六畳間だったというが、七〇何年後に同じ大学に留学して私が住んだ部屋も同じ大きさだった。

同志社大学の寄宿舎情報をみると共同キッチンだったので、一人部屋を探すために早めに日本へ行った。予算は寄宿舎の何倍かで見たが、それほど高くもないせいか一日六部屋を見てもみな似たようなもので、部屋探しを手伝ってくれている人にも申し訳なく、最後に見た部屋に決めたが、すぐ後悔した。狭かったせいだ。小さなバスとトイレとキッチン、そして中二階があるが部屋は三四坪程度だから尹東柱の詩にあるあの六畳間だ。

変更したかったが、一度帰国して来月また京都に来れば勉強も始まるので、そんな時間も心の余裕もなかった。

使い慣れたお箸、器、カッター、ハサミ、タオル、鉛筆、物差し、セロテープ等は全てソウルの家

に置いて、本とノートブックコンピューター、服を少し、厚めの毛布だけを持ってきたが、置いてきたものは全てすぐにでも必要なものばかりで、それに思い至らなかったことを後悔した。口では長期間の勉強のためと言いながらも、何泊かの旅行のような気軽さで来てしまった。

何日かあれば揃うだろうと思ったのは大間違いで、何かを買えば何かが足りずを繰り返し一通りのものを揃えるのに優に二ヶ月かかった。まわりの留学生に聞いてみると、その人は六ヶ月かかったという。

ところで、そうしたものよりも初めから目について買ったものは観葉植物だった。狭苦しかったせいだ。部屋の窓からの眺望が開けていればそうでもなかったのだろうが、二メートルと離れず低い建物が建っていて視界をふさいでいた。息をするために鉢植えの花とみれば買いこみ、十何個かを窓の外の地面に色合いを考えて並べた。アメリカでの暮しとは雲泥の差だ。何かと面倒をみてくれる学生が、「まずは炊飯器から揃えないと。なんだってそんなに花ばかり買うんですか」とむずかった。

夜、部屋に帰ってくると、まず窓を開けて花に水をやる。花びらとかよわい葉がゆらゆらと迎えてくれる。卒業して帰国する際、生活用品はほとんど後輩に譲ってきたが、私に笑いかけ、慰めてくれたかわいい鉢植えの花たちを持ち帰れなかったのが一番残念だ。

晩学の勉強が容易なものではないことに気づくのにそう時間はかからなかった。日本で勉強するためには基本は日本語なのに、十分でない日本語で二〇課目をこなすことは本当に難しいことだった。

二〇一一年、日本を大津波が襲ったことで日韓両国で出版された私の詩集が話題になると、日本から日本語でスピーチをする機会がかなりあった。振り返ってみると日本について勉強したことはなかった。良心の呵責を感じ、アメリカで大学院を卒業してから四〇年が経つが、この機会に日本を勉強してみようか…と思った。あれこれと申請することだけで一年かかった。最近政治家に対し、選挙にだけ熱中して肝心の国家経営には何の準備もできていないという言葉が浴びせられているが、私はといえば、ソウルで日常生活を消化しながら、申請することにだけ集中し、合格してからの勉強に対する準備はろくにできていなかった。

引き返せない私の無謀な決心。学業をできるだけ早く終えようとするので終日学校で勉強した。かばんを整理して背負い図書館の扉を出るのはいつも午後一〇時を過ぎていた。

日本でスピーチと講義と人的交流もこなし、学科科目の勉強もこなして履修できることを願ったが、いざ実戦に入ると、卒業のためには二つのうちどちらかを選ばねばならず、選んだ一つで成功することも奇跡だということに気づいた。韓国でお別れ会までしてきたので、途中で放棄しないためには、やむをえず前者の大望を放棄し、二〇課目に集中して全ての試験と課題にパスするという後者の道を選ばねばならなかった。

勉強はストレスだったが、学生たちは親切で、教授陣にも権威的なところがなく、あまりに親切であまりに腰が低かった。韓国やアメリカの学校とはずいぶん違った。学食や購買部で顔を合わせる職員たちは学生に対して常にお辞儀をし、驚くほど謙虚に対応してくれる。彼らには日常的なことかもしれないが、私はいつも驚き、じっと眺め入ってしまった。

図書館の前には創立者である新島襄が建てた煉瓦造りのチャペルがあり、すぐその右側に　尹東柱と鄭芝溶の詩碑がある。一五〇年間数多くの国から留学生たちがやってきた中で、韓国人の詩碑だけが、それも二つも建っていることが不思議だった。最近、尹東柱は映画にもなり、テレビなどでも彼のことを多く取り扱っているが、尹東柱の二七年という短い生涯、その中で受けたすさまじい苦痛を知る者は誰もいなかった。ハングルで詩を書き、独立運動を先導したとして、大学近くの警察署に連れて行かれた後、遠く福岡の監獄に送られ、解放を目前にしながら息をひきとった。埃ひとつない美しいキャンパス。二つの詩碑の前だけは誰も手をつけようとはしないので、私は毎日詩碑をみがいては焼酎をまいた。

彼が六畳間で苦しみながら書いた詩も読んでみた。その心情を知りたかったからだ。

今が日本の帝国時代でもあるまいし、どんな栄光を得ようとしてこの狭い部屋にノートと資料をひろげ、夜を徹して勉強しなければならないのか。私は毎晩そう思った。ずっと昔、日本政府次元の母の行事で京都に行ったとき、京都が前世の故郷のように感じられた。何日かの滞在ではそうだった。長期間、それも膨大な課題と日韓での活動を同時にこなそうとすると、まわりの人々がいくら親切とはいえ、私のいるところは他人の国、異国だった。故国に置いてきた仕事は次第に絡まり始めた。遠ざかる人間関係。郷愁が押し寄せた。

シャワーをあび、すぐ横にある鴨川に沿って暗い夜をずっと歩いた。

尹東柱が師と仰いだ鄭芝溶の詩碑に刻まれている詩がまさにこの「鴨川」だ。

異国での切なさであり哀切であり悲しさだ。

尹東柱の詩碑があることが知られると、韓国から観光客が来るようになり、入場券があるわけでもない大学を訪れてその詩碑を見ると、すぐ横の鄭芝溶の詩碑にある「鴨川」の詩もみることになる。詩には母親が、オロンジュ(オレンジのフランス語発音)の皮を噛むことが、西瓜の匂いが、川風と愛する者が詠われ、鴨川十里の野原が詠われている。京都にわずかに留まるだけでは理解できない韓国詩人の心だ。

今も京都に行くと、出町の三階建てアパートの一階一〇三号室、毎日開け閉めしたその扉を眺めにいく。机と床で遅くまで勉強し、文章を書き、花の位置をかえ、玄米ご飯を炊き、部屋の床いっぱいに食べ物をひろげてもてなした瞬間たち、悲しくて寂しくてお祈りをした瞬間が思い出される。体はもうそこにないが、今なおそこに留まっている生きた記憶とそのオーラに向き合い、じっと眺めいる。

たやすく書かれた詩

尹東柱

窓辺に夜の雨がささやき
六畳部屋は他人の国

詩人とは悲しい天命と知りつつも
一行の詩を書きとめてみるか

汗の匂いと愛の香りふくよかに漂う
送られてきた学費封筒を受け取り
大学ノートを小脇に
老教授の講義を聴きにゆく

かえりみれば　幼友達を
ひとり、ふたり、とみな失い

わたしはなにを願い
ただひとり思いしずむのか?

人生は生きがたいものなのに
詩がこう　たやすく書けるのは
恥ずかしいことだ

六畳部屋は他人の国
窓辺に夜の雨がささやいているが

灯火をつけて　暗闇をすこし追いやり
時代のように　訪れる朝を待つ最後のわたし、

わたしはわたしに小さな手をさしのべ
涙と慰めで握る最初の握手

伊吹郷訳

六畳間 パソコンを置いた机と壁のメモ　－　2016

再び同志社

今年は忘れてしまいたい年です。

年初から事故でつらい入院生活を余儀なくされ、言葉にできない苦労をし、たくさんの涙を流しもしました。

そんな中、五月に六年間通った女学校から梨花賞をいただき、十一月には病室で編集・修正した新刊『なぜ京都なのか』で梨大文学賞をいただきもしました。梨花は中高で三千名でした。私の同期でも五〇〇名はいました。しかもこれが最後の賞となれば普通のことではなく、梨花女子大の文人も数多くいることを思えば、激しい競争だったと思います。

通えただけでも感謝なのに、想像だにしなかった賞までいただき、「天の慰労」かと思いました。

今は、再び同志社です。

留学から既に三年が経ちますが、こうして学校のキャンパスに立ってみると、まるで昨日のことのように当時の場面が私の目の前を流れます。

今年の春、五〇年前の母校を訪れたとき記憶はかすかで、晩秋に出身大学を訪れたときも記憶はかすかでした。しかし、最近お世話になったこの同志社は、生き生きとした記憶がまだ体にあって、たくさんのことが新しく親しみがあります。

歌人である母の Project のため日本でも講演スピーチがあり、七年前に私の日本語詩集が出てからは、いっそう仕事が増えましたが、考えてみると日本語についても日本についても勉強したことがありませんでした。それで、そうした心と意欲だけをもってソウルから近い京都の同志社に来ることになりました。入学も容易ではありませんでしたが、二〇課目の勉強をこなさなければならないことは私にはすさまじい苦行でした。

比較的軽い心で来たのですが、日本語、現代文学、古典文学、ジャーナリズム、等の課題を書いては提出し、前に出て発表し、討論し、試験を受

4時になると薄暗くなる同志社大にある韓国詩人二人の詩碑

け、講演もしと、それらをどのようにして通過したのか、再びこのキャンパスに立ってみると、一幕の夢をみていたような気になります。運よくまわりを見学しながら勉強もできた人もいるのでしょうが、当時、私にはそのような時間は全くありませんでした。

過去一五〇余年間、数多くの国からここに留学に来てもおかしくないのに、なかでも尹東柱と鄭芝溶の詩碑だけが真ん中に立てられていることが不思議です。三万余名の学生たちはいつもその前を通り過ぎるのに、それが何なのか誰なのかを知りません。いずれにせよ、韓国の二人の詩人の詩碑が小さくともよい場所に立っているので、私はよくそれを磨き掃除もしましたが、つらいときにはその崇高な精神をかみしめ、頼りにもしました。

そんな彼らに勝るとも劣らず私が恩を感じ、感謝している方がこの学校の創立者である新島襄とその妻八重です。詩碑のすぐ隣の彼が建てたチャペルの前に立ってみます。この学校に通っていたときそうしたように、まっすぐに立って歳月の垢に覆われた赤レンガと、その上の空を仰ぎ見ながらお祈りします。チャペルの背景はいつも境界のない真っ青な空です。

一八八六年に建てられたこのチャペルは、日本でも最も古い礼拝堂です。たくさんの文学者たちの作品に、その美しいチャペルのステンドグラスの話が出てきます。

今日はちょうど結婚式があるようです。古い日本の重要文化財を保護するために、このチャペルは一日に三〇分だけ開かれますが、同志社の卒業生だけにはここで結婚式をする特権が与えられます。いつもは三〇分の祈祷時間にも人影まばらですが、ちらっとのぞくと今日は眩しく成長した

人々が三〇〇席をびっしりと埋めています。
江戸幕府時代、二一歳の新島襄(一八四三―一八九〇)は船に乗ってアメリカに渡り、フィリップス・アカデミー高校、アマースト大学とアンドーヴァー神学校を卒業します。アジア人初のアメリカ学士です。宣教者となってから、近くのRutlandにて「日本にもこのようなクリスチャン大学を建てたい」という演説で募金を募り(同志社の土地を買うのに五百ドルかかりましたが、そのときの演説で五千ドルを集めたといいます)、そうして建てたこの学校で、その後実際にたくさんの「良心」の卒業生を育てた彼の信念と精神に出会えたことが嬉しいです。同志社に来なかったら、知ることはなかったでしょうから。
尹東柱の詩碑がここにあることが韓国で噂になっているせいか、たくさんの韓国人が訪れてきます。今回も大韓民国代表詩人の詩碑の前で、韓国から来た名のある文人一六名等のいくつかのチームに、詩碑が建てられた背景のストーリーとその詩の精神をお話しました。

しかし、彼らはこのキャンパスに貴重な重要文化財が一一個もあることや、創立者が誰で、なぜこの学校を建てたのか、「八重」がどんな人物だったのかには関心がなく、ただ尹東柱にだけ関心を示します。日本の学生たちがキャンパスの中心にある韓国の先輩詩人の詩碑に無関心なのも腹立たしいですが、このキャンパスに足を踏み入れた人が日本が尊敬する新島襄に無関心なのもこの上なくおかしなことなので、私は彼についても話をします。それほどに時代に先んじた彼の信念が感動的なためです。

日本に大きな影響を与えた彼の足跡を巡礼する人々は、北海道から九州まで日本国内はもちろん、二〇〇〇年の歴史のアメリカアマースト大学にまで、その最も重要な場所にかかっている新

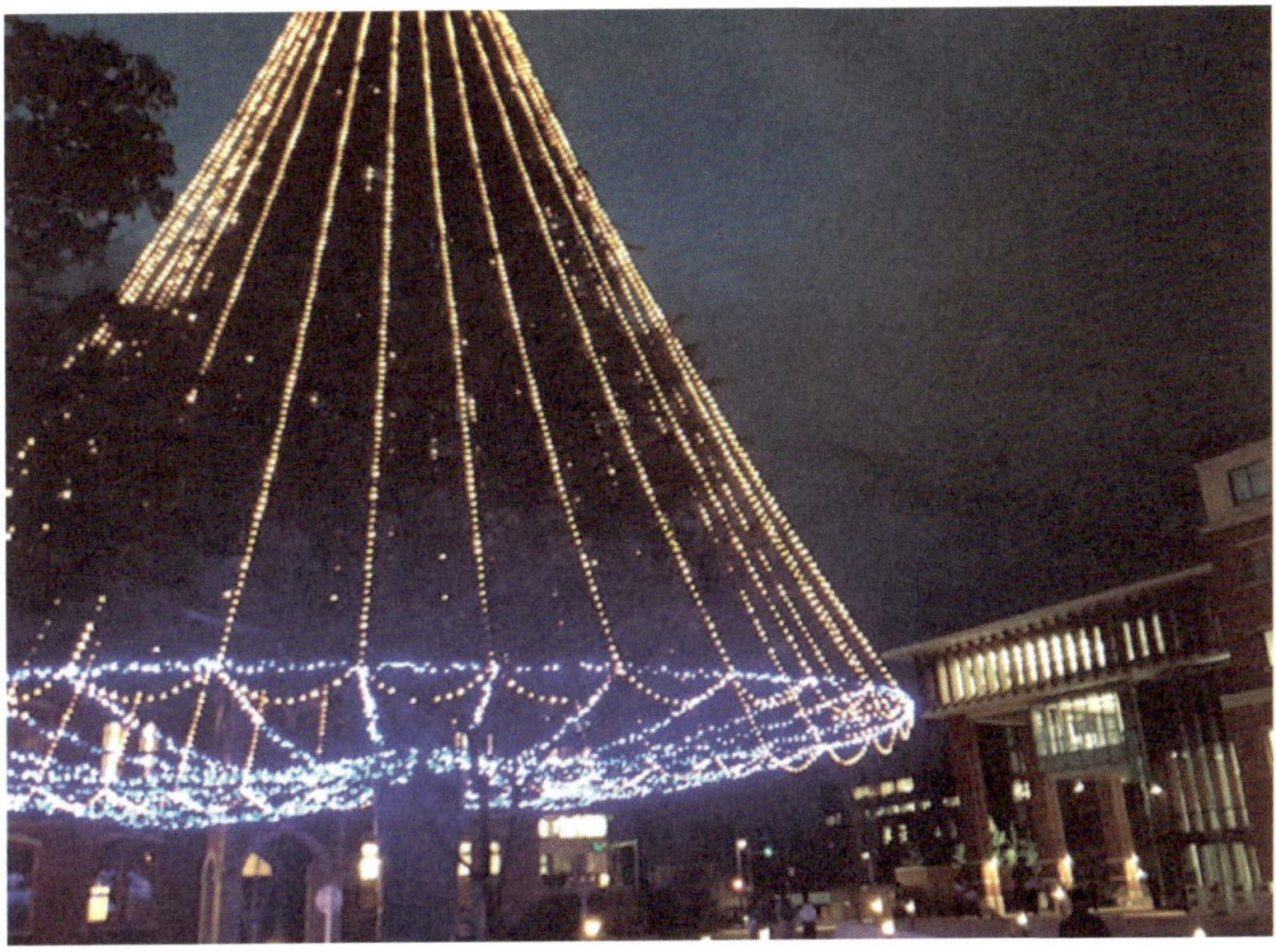

11月1日からキャンパスの巨木を飾るクリスマスイルミネーション

島襄の肖像画と、彼が勉強して説教した跡を見に行き、神学校時代に日本の政府要人たちとともに先進国の政治、外交、経済、法律、制度、教育と文化を学ぶために訪れたヨーロッパにまでその跡を追うという話をつけ加えておきます。

そして、韓国にもこのような先覚者、先駆者が現れることを切に切に願います。

一課目、一課目の勉強と外国語の習得も重要ですが、本当に習得すべきものは、礎となるべき精神の奥底に大きな志をえがくことであることを、私たちは学校を去ってから気づくのです。

チャペル前の新島襄の詩碑を写す詩人 - 同志社大学 2018

学ぶということは

新型コロナウイルスが襲い、世の中は混乱を極め、そのために変ったことも一つや二つではないが、オンライン講義が長引いていているせいもあって、教育や授業について改めて考えるようになる。

何よりも私が新型コロナ禍以前に教育を受けられた事実に心から感謝したい。人生に至大なる影響を与える幼少時からの教育は、習得する知識とそのコンテンツの内容がすべてではないからだ。

改めて過去をふり返ってみる。祖母の手にひかれて行った徳壽初等学校(小学校)、女子中と女子高、大学、そしてアメリカ留学。

最近の子どもたちなら三、四歳で学ぶハングルと英語だが。ハングルを覚えたのは七歳、九九段も覚えたはずだが、そのとき学んだ知識はおぼろげで、思い出

授業　- 京都 同志社大学

すのは頭を優しくなでてくれた二年生のときの先生、おだやかな印象の五年生のときの先生、そして節度があり端正な面立ちの六年生のときの先生、そうした先生方の顔ばかりだ。

女子中、女子高で英語を学び、科目も十何科目かにふえたので、明らかに知識は増えたはずだが、これといって記憶に残るものもなく、やはり思い出すものといえば、各教室をまわりながら私の絵を褒めてくれた中一のときの担任の先生、国語と地理の先生のかわいらしい姿、言葉遣い、表情、独特な抑揚、最初の授業で教室に入ってくるや枯れた花を片づけた英文法の先生の手つき、いつも顔がちょっと左に傾いているからとつけられた六時五分前のようなあだ名、眠気の中で聞いた朝鮮戦争に参戦した話、「草原の光」のような映画の話、露天劇場の三千名が入るチャペルなどのことだ。

大学はどうだったろうか。

なんとしても英文学を専攻しなくてはという切実な思いというよりは、当時カットラインが最も高く、先生の勧めもあってそうしたというのが正直なところで、確かに勉強もしたはずだが、四キロを超える重さの英文学アンソロジーAnthologyを肩にさげ、傾くようにして四年間毎日大学に通ったことと、広いキャンパスを本をかかえて歩き回ったことばかり思い出す。

自分の番がくると、アンソロジーの一部を読んで翻訳したりもしたが、とうとう卒業するまで読み通せなかった。五月の晴れた一日、授業のかわりに野外で芝生にすわり、先生が買ってくれたアイスクリームをおいしく食べたこと、月水金のお昼時間の大講堂での礼拝の出欠チェック、毎年の演劇発表、五月のMay Day祝祭等、そんなことばかりを鮮やかに思い出す。今も母校に立ち寄ることがあると、陽のあたるあのときの芝生にすわってみる。

そして当然の順序のようにして行ったワシントンへの留学。あまりに自由で環境はそれまでと全く変った。すぐに適応し理想を高めてまっしぐらと思われたが、慣れ親しんだ家族と環境を遠く離れて、いつももの寂しく、もの悲しかった思い出が走馬灯のように過ぎる。

そういえば、思い出すことといえば、学び勉強した内容よりも、恩師ひとりひとりの雰囲気、学校の中や外での雰囲気ばかりだ。

雰囲気を思い出すといえば日本への留学もそうだ。最近のことだからということもあるが、それまで私にあった先生といえばこうというステレオタイプを打ち壊してくれたことで、よりいっそう深く記憶に残っている。

日本も外国であり、慣れない外国語での勉強は大変だが、日本人の顔かたちは韓国人のそれと変らない。しか

遠山和子 先生 - 同志社大学 2016

し、学生に対する態度と心がけは異なった。日本人の親切さ、優しさ、細やかさ、几帳面さ、謙遜に、私は毎日驚かされた。過去二〇余年間の学校に対する固定観念があったせいだ。

京都の同志社大学での授業で学んだことも映画のワンシーンのように頭をよぎるが、既に具体的なことはいちいち思い出せない。しかし、先生たちの学生に向き合う姿勢、謙虚さ、笑顔、柔らかな声、そうした授業での徹した印象は今も胸の奥深くに刻まれている。最初の授業と最後の授業で、それなりにお年にもかかわらず学生たちに深々と頭をさげて礼をした遠山和子先生をはじめ、何人かの先生方の姿を忘れることができない。

学ぶということははたして何だろうか。このように尊敬する心を学び人性を育て、自ら発展させていくことではないだろうか。だからこそ今、世界中で行われている untact(非対面)による顔を合わせることのないオンライン講義が残念でならず、心配でもある。

授業で学ぶこと、そして人生に残ることは、必ずしもその内容と形式だけではない。私がふり返ってみたように、恩師とcontact(対面)しなければ感じられず、心に刻まれないことがあるがゆえに、この現況やポストコロナ時代の授業のことを憂うのだ。

これまで、それが当然と思っていた過去の全ての授業が、『愛情のまなざし』をそそいでくれた先生方とともにあったものであったことを、今ほど悟り有難く思うことはない。昨年、学生たちと目を交わしながら行った私の大学院での授業が、新型コロナ拡散前のことだったことを、ただ感謝するばかりだ。

進んでは止まりふり返る旅程、
恩師たちの優しさと愛情が私の中にある

教え子たちと 最終講義の日 － 韓國 丹國大学院　2019

再び尹東柱

今日は詩人尹東柱の忌日です。

一九四五年、解放(終戦のこと)を迎えるわずか何ヶ月か前の二月一六日なので二七才であり、待ち望んだ解放のその日を見ずして逝ってしまったことが残念でなりません

最近私が通った京都の同志社大学では毎年この日に集会がもたれるので、来てほしいという話がありましたが行けず、一三日に詩人が一九三八年に入学した延世大に行きました。

冷えこんだ天気、延世大の広いキャンパスのいい場所に詩碑が同志社のそれよりも高く立っており、碑石の前に菊の花一輪を供えて礼をしました。そのすぐ後ろは尹東柱が寝起きしていた寄宿舎の建物ですが、彼の記念館

をつくるために内部を空にしたところで追慕式を行い、百周年記念館ホールで記念式を持ちました。

出席者による挨拶があり、詩の朗読と文学賞の授与もありました。ホン・ジョンソン教授の講演が印象的でした。

日中韓の三カ国における尹東柱の扱われ方に差があるということが特に印象的でした。日本に対する抵抗を強調する韓国と、加害者としての罪責間をもつ日本、尹東柱に対する所有権を強力に押出す中国の姿、そこには微妙な感情的、政治的要素があり、それが客観性を脅かしたり、度を越してしまう差を作り出しているとのことでした。

中国では中国の朝鮮族の文学であると主張しますが、当時朝鮮族という概念自体がまだなく、尹東柱の詩「星を数える夜」に「佩鏡玉という異国の少女の名前と」と書かれていることからわかるように、彼は自身を朝鮮人(韓国人)と考えて生きました。そして、日本当局が尹東柱に「不良鮮人」というレッテルをつけたことからもわかるように、中国人だったからではなく、朝鮮人だったから逮捕されたのです。

ここで私の関心をひく部分は、中国が尹東柱を強い反日意識のある人物、日本のファシズム体制に強く立ち向かった人として叙述し、尹東柱の叙情的で内面的な詩に積極的な抵抗性を与え、社会主義国家の姿を見せていることです。しかも『尹東柱と韓国文学』を書いた大村益夫氏が一九八五年に詩人の墓を発見するまで、中国人は尹東柱について全く何も知りませんでした。

これに反して日本では、一九五〇年代には尹東柱が紹介されはじめており、一九八四年に伊吹郷が詩集を完訳したことが、尹東柱に対する関心が出始めるきっかけとなり、さらに大衆的な人気を誇った茨木のり子が一九八六年に『ハングルへの旅』というエッセイ集にのせた「尹東柱」というエッセイがその関心を一層高め、日本の教科書にも彼の詩が載るようになりました。

それは中国人たちとは全く異なる方式でした。尹東柱という「人間の姿」を繊細かつ鋭利にとらえようとする姿勢です。伊吹郷の翻訳詩集が出たころ、大村益夫氏も尹東柱に対する大きな関心と愛情から満州まで行って彼の墓を探し出し、彼が通っていた教会と学校の雰囲気を見て、読んでいた本の種類と内容を明らかにしました。

このように、日本が尹東柱に関心を持つ方式は、韓国や中国とはたいへん異なります。多様な個人的関心により、個人と個人が東京、京都、大阪、名古屋、福岡等の各地で小規模の集まりをなし、セミナーと記念式を開いたり、詩碑を建てる仕事をしています。

ここで私の知っている現代のもうひとりの尹東柱研究者の名を挙げておきます。

作家の多胡吉郎氏です。彼はロンドンにNHK特派員としていたころ尹東柱の「序詩」を読んで熱中し、その影響でよい職場も放棄して作家の道を志しました。一〇余年に渡ってNHKに尹東柱のドキュメンタリー制作を根気よく説得して作らせ、尹東柱など知らないといって常に断っていた同志社大に、一九九二年から「尹東柱を愛する会」を主導してきた朴熙均氏とともに説得して詩碑を建て(一九九五)、尹東柱の最後の写真を発見し、詩人が日本の友人たちと立って写真を

同志社大学在学時に撮影した京都の尹東柱下宿跡前の詩碑

とった宇治にもうひとつの詩碑を建て(二〇一七)、詩人の誕生百周年にはその伝記を出しもしました。

京都造形美術大学の総長も尹東柱を愛し、詩人が下宿していた家を買いとって大学に含め、その前に詩碑を建て、今年の記念日にも記念式をしました。

こうしてみると、俗な言い方をすれば「尹東柱はじつに運がよく、ひどく巡り合わせがよかった」とも言えるかもしれません。彼が愛した祖国でよりもはるかに先に日本の作家、詩人、読者が彼を発見したのもすごいことですが、それまで誰も知りえなかった、それこそ霊眼によらずしては見えない彼の詩の行間にある純潔にして純粋なその内面が、どれほど深いせいで、夭折した後にもこのような一連の出来事が起こるのだろうかと考えさせられます。

人生は短く芸術は、はたして長いものでしょうか。

たやすく書かれた詩

尹東柱

窓辺に夜の雨がささやき
六畳部屋は他人の国

詩人とは悲しい天命と知りつつも
一行の詩を書きとめてみるか

汗の匂いと愛の香りふくよかに漂う
送られてきた学費封筒を受け取り

大学ノートを小脇に
老教授の講義を聴きにゆく。

かえりみれば　幼友達を
ひとり　ふたり　とみな失い

わたしはなにを願い
ただひとり思いしずむのか？

人生は生きがたいものなのに
詩がこう　たやすく書けるのは
恥ずかしいことだ

六畳部屋は他人の国
窓辺に夜の雨がささやいているが

灯火をつけて　暗闇をすこし追いやり
時代のように　訪れる朝を待つ最後のわたし

わたしはわたしに小さな手をさしのべ
涙と慰めで握る最初の握手

宇治天ヶ瀬の尹東柱の最後の写真

「新島襄」の墓前に立つと

同志社大学創立者である新島襄の忌日は一月二三日だが、大学創立記念日である十一月二九日にも彼を称えて墓参りをする。

その日には在学生はもちろん、たくさんの卒業生が京都の同志社大学に集まる。創立記念行事が執り行われ、新島のお墓のある山を彼を欽慕する人々と登る。

同志社大学で彼のことを教えてくる授業を受けたことはないが、(全然ないわけではありません)百年以上も前に彼が建てたチャペルや建物を見るうちに、彼のことを知りたくなった。そして今、同志社に行くことがなかったら知らなかったであろう彼を知ることができたことに感謝している。

新島襄(一八四三〜一八九〇)は幕末、海外渡航が禁じられていたにもかかわらず、米国船の船長の協力を得て太

平洋を渡り、一八七五年アメリカに到着する。一四五年前のことだ。その後アメリカの名門であるフィリップス・アカデミー、アマースト大学、アンドーバー神学校をさまざまな人に助けられながら卒業した新島は、卒業後に　Rutland宣教師会議にて日本にクリスチャンスクールを設立したいので手伝ってほしいと演説で訴えた

それに感動した会衆たちの寄付により、世界的な仏教都市である京都にクリスチャン大学が建てられることになる。当時たくさんの寄付が集まった中、会場の外に立っていた農夫が帰りの汽車賃にといって渡してくれた二ドルに最も感激したという記録をみて、私も感動した。同志社大学のキャンパス内には、赤煉瓦のチャペル・ハリス理化学館・彰榮館・クラーク記念館等、日本の重要文化財が五棟もある。

寒梅館という名は特に創立者新島襄を思い起こさせる。最初の春の花である梅の花が雪の厳冬を耐え忍んで咲くように、真理もまた酷烈な過程を通して現れるという意味の新島の漢詩がチャペルの前の詩碑に親筆で刻まれており、晩学の勉強に音をあげそうになるとき、その意味を胸に刻み力をもらいもした。

新島は日本人としてだけでなく、アジア人として初めてアメリカ学士を得て、一八八九年にはアマースト大学の名誉博士号を受け、一九五〇年には日本の切手にもなる等、高い品格を備えた立志伝中の人物だ。教育に献身した教育家としてだけでなく、全国的に尊敬されている。同志社大学のキャンパスで出会った歴史学の教授の一行?が、新島の生前の足跡をたどる全国巡礼の旅に出て海

'哲学の道' 2 Km の終点、'新島襄・八重の墓'への登り口

外にまで足をのばしたことがあると聞き、いまなお深く尊敬されている新島の姿を感じさせられる。本も読み、チャペルの隣のハリス理化学館の展示で彼の文字と言葉をみて、彼が十代でもったビジョンと発想に驚く。村田晃嗣元大学学長がアマースト大学の一番重要な場所に新島襄の肖像画を掲げ、他の肖像画は毎年位置を変えるにもかかわらず、新島の肖像画だけは常に同じ場所にあるというので、それを確認するためにマサチューセッツのアマーストを再訪した。

以前来たときには、さすがに大統領、ノーベル賞受賞者を輩出した人文系の有名大学にふさわしく、そのキャンパスに「選ばれざる道　The Road Not Taken」の詩人ロバート・フロスト(Robert Frost)の銅像が建っているという文章を書きもした。私はその事実に感動した。そのとき私は新島襄の名前も、その肖像画が大学のチャペルにかかっていることも知らなかった。

再訪してみるとたしかにそうだった。京都同志社大学のチャペルでお祈りするとき、常に右側の壁から私を眺めていた肖像画とは多少異なるが、重厚な肖像画がアマースト大学のチャペルの右側の壁に、彼の一行詩とともに場を占めている。今は亡きひとりの人物の精神によって、東洋と西洋が通じ合っているのだ。

チャペルの左右と後ろの壁には二〇余枚の他の肖像画がかかっているが、肖像画がかけられる基準は、同窓生であることと世の中にどれほど大きなインパクトを与えたかによるとのことだった。彼の献身と寄与の人生を思いつつ、襟を正した。

人文学によって始まった由緒あるアマースト(Amherst)大学は、今でこそいくつかの学科があるが、図書館の入口に文学や詩の集いを知らせる広告が貼られているのをみると、その教育の中心はやはは

'教育の道　一度び失せばこれを挽回する決して容易ならず'
新島襄

り人文学だ。一五〇余年前、日本から来たひとりの学生との縁により、今や日本の教授がかなりたくさんおり、日本の外務省と企業からの研修生もやってくるという。内村鑑三という日本の有名なキリスト教思想家の肖像も図書館のよい位置にかけられている。

創立記念日であり新島襄を称える日でもある一一月二九日は、京都の紅葉が見頃を迎える季節でもあるため覚えやすい。同志社に来ることがなければ、彼のスピリットに出会うことはなかっただろう。その不屈の信仰と愛の精神は私のよきメンターとなってくれた。だからこそその日には京都を訪れ、「哲学の道」の終わりから山の中腹まで息を切らしては登り、その墓前に立ちもしたのだ。

幕府のために鉄砲をかかえた夫人である「八重」の墓も隣にある。二〇一三年に　NHK　大河ドラマ『八重の桜』で話題になった人物だ。周りには椿が赤や白の花を咲かせていた。

‘諸君よ、人一人は大切なり’新島襄語録　–　同志社大学

人並み優れた発想と勇気で、国と社会を変えた彼の墓前に立つと、その精神を一五〇年前、二〇〇年前の話として通りすぎてしまうのではなく、その姿勢を受け継ぐならば、誰もが今後一〇〇年、二〇〇年、三〇〇年の歳月を越えて、必ずそれに見合った結果をもたらすだろうと思う。

尹東柱が通った昔の図書館と有終館の前の扁額に毎週掛けかえられる筆書きの新島の言葉に胸がぐっときたことを思い出す。

新島襄が建てて住んだ旧邸で見た、彼が尊敬したという朝鮮末期のクリスチャンであり、聖書翻訳家で、朝鮮人として日本で初めて洗礼を受けた李樹廷が書いたという大きな掛軸のことも思い出す。

同志社大学教授たちと － 京都 新島襄の墓前にて

「諸君よ、人一人は大切なり。一人は大切なり」

「教育の道、一度失せばこれを挽回する決して容易ならず」

「言の内に命があった。
命は人間を照らす光であった。光は暗闇の中で輝いている」

Amherstの「選ばれざる道」

マサチューセッツのアマースト大学(Amhesrt College)に行くと気分がいい。アメリカ最高の人文学大学として始まり、科学、芸術等のたくさんの分野があるが、校庭の高い木々の間を歩くと、そこに詩人の銅像がある。「選ばれざる道」を書いたロバート・フロスト(Robert Frost)だ。

過去二〇〇余年の歴史の中で数多くの卒業生を輩出しながらも、権勢家や戦争英雄ではなく、詩人の銅像ひとつだけがキャンパスに立っていることに、十余年前いたく感動した。「選ばれざる道」で世界中の人々の胸を濡らし、人生を深く考えさせたアメリカの国民詩人であるフロスト(Frost)は、ここで英文学を教えていた。

たくさんの時間が流れ、京都の同志社大学に留学して同校の創設者である新島襄を知り、彼が日本最初の、そしてアジア最初のアメリカ学士だったこと、その学士を得た場所がまさにここアマースト大学だったことも知った。同志社を創設した新島襄という一五〇年前の人物との出会いがなかったら、私にとってアマースト大学はロバート・フロストの印象だけの学校として残ったかもしれない。今回、UN 関連の行事のためニューヨークに滞在した後のスケジュールは、南に四時間ほどのワシントンでのものだったが、その間隙をぬってニューヨークから北に四時間以上かかるマサチューセッツに行くために、本で重くなったトランクをひきずって汽車に乗った。一七歳の新島襄がアメリカに行くことになった経緯や勉強、そして、卒業後に日本にクリスチャン大学を建てたいという彼の演説に感動したアメリカ人の協力で、同志社を建てることになったという歴史がそれほど強烈だったのだ。

しかも、彼が卒業した大学には、新島襄の肖像画がかかっているというではないか。新島襄の足跡を辿りながら歩くとき、太平洋を越えるこのアマーストは日本から最も遠い道のりになるはずだ。

向かう途中、窓越しに川と秋色に染まった草原とが広がっていた。

秋たけなわのころ、ソウルの蘭芝島でコスモスを一緒に眺めたことのある、キム・ソンヒョク牧師夫妻が駅で私を出迎えてくれた。アマースト大学近くのこれもまた有名なスミス大学(Smith College)の相談牧師である彼は、新島襄についてよく知っており、彼がアマースト大学にある新島襄の肖像画と、その下にある一行詩を写真にとって送ってくれたおかげで、今回出た私の新刊「なぜ京都なのか」にそれを載せることができた。

キャンパスタウンである小都市アマーストには、歴史のある有名な大学が五つもある。大学の校庭に入ると、見慣れた情景が広がり、遠くにロバート・フロストの銅像がみえる。近づいて石でできたその銅像をなでてみると、その足元に嵌められた石版の文字が目についた。

—Reach the eye, the ear and what we may call the heart and mind—

その後、新島襄の肖像画があるというチャペルに入った。そこには同大学出身人物たちの肖像画二〇余枚が飾られていた。選ばれし出色の人物たち。近づいてみると、聞いたとおり右側の一番前の最も目立つところに、アマースト大学の誇り高き卒業生として新島襄の肖像画が描かれていた。魂の出会い、感激の瞬間だ。深い祈りを捧げた。

ソウルで出会った京都同志社大学の総長に聞いた話だ。そこにある肖像画は定期的に位置変えをするが、新島襄の肖像画の位置だけはそのままになっていると。数多くの卒業生のうち、アマースト大学で肖像画に選ばれる基準は、彼が同窓と世の中にどれほど大きなインパクトを与えたかであるという。私は同志社大学が過去一五〇年近く数多くの良心的な人材を輩出し、その人々が日本を今日にいたらしめた礎となっていることを知っている。そして、現在も三万余名の学生たちが未来のために準備していることも。その源はここアマーストで育てられたものだということができる。

図書館に行くと入り口に「Poetry Club」というポスターが見え、奥に入ってみると噂にだけ聞いていた日本のキリスト教先駆者、内村鑑三(一八六一〜一九三〇)の肖像画が、ウェブスター辞典をつくったウェブスターの隣にかけられていた。早くも一八八七年にアマーストを卒業し、日本のキリスト教宣教を率いた人物だ。韓国でも彼の素晴らしい著書は広く知られている。

日本で深く尊敬されている人物たちが通い、しかも新島襄は日本初のアメリカの大学生なので、日本の外務省と企業はたくさんの日本人をここに研修に送り、日本人教授もいて、節制された姿の彼らがアメリカ人とその社会によい影響を与えたせいか、アメリカの中心からもずいぶん離れたところであるにもかかわらず、アマーストの人々は日本のことをよく知っており、とても好きだという声を耳にする。

このような共感の交流は、財力だけでなされるものではない。このような考えと意識があり、長い歴史の中でもずっとそうした発想があり続けてきたために可能だったのだ。私たちもこのような発想でずっと外交をし、ひとりひとりが一歩先を行く構想ができればいいのにと思わされる。

「目と耳を描き、わたしたちが心と精神と呼ぶものに到達せよ」と詩に書いたフロストの銅像と、「良心と信仰の人材」を育てる発想を早くから持っていた新島襄と内村鑑三の肖像画をみつめると、西洋と東洋、アメリカと日本と私の祖国を考えるようになる。

選ばれざる道 The Road Not Taken

Robert Lee Frost

あの朝、二つの道は同じように見えた
枯葉の上には足跡一つ見えなかった
あっちの道はまたの機会にしよう！
でも、道が先へ先へとつながることを知る私は
再び同じ道に戻ってくることはないだろうと思っていた

いま深い溜息とともに私はこれを告げる
ずっとずっと昔
森の中で道が二つに分かれていた、そして私は…
私は人があまり通っていない道を選んだ
そのためにどんなに大きな違いができたことか

私の住んだ町

私の住んだ町

ソウルで生まれ育ったのでソウルには愛着があり、留学して二〇年近く住んだワシントンにも愛着があるが、少し前に京都で勉強しながら暮らした町にもずいぶん愛着がある。卒業後に京都を訪れると、どんなに名所を回った後で少ししか時間がなくてもその町に行きたくなるのをみても、それがわかる。もう癖になってしまった。

最初はこころもとなかった。大学から一〇分の距離なのでその部屋を契約したが狭苦しかった。韓国の倍もある広い国なのに、大臣すら一八坪の家に住むなど、日本人が狭い空間に暮らしているという話はよく聞かされた。日本人の謙虚さであり、韓国とは暮らし

長い行列ができるふたば

の優先順位が異なる面だ。

勉強しにきたのだと言い聞かせながら、窓を開けては地面においた一二個の花瓶の花の色の調和を考えながら変えてみるのが喜びだった。写真を撮っておかなかったことが悔やまれるが、私の中には今もその愛らしさが残っている。

その部屋にしてよかったことはたくさんある。

まず、部屋を出てすぐが出町商店街だ。新鮮で安いので遠くからも客がくる。かなり大きめのスーパーが二つあり、自然とこっちはこれがよく、あっちはあれがよくて安いということがわかるようになる。

課題が多く時間は貴重なので、食事は主に大学の学食ですませるが、どうかして夕食を部屋で食べることになると、玄米を炊き、スーパーで湯葉、豆腐、寿司、刺身、新鮮な野菜や果物を買ってくる。ここでは韓国のナムルも作って売っている。

そのうち私が一番好きなのは鯛のアラのみそ汁だ。日本では高級魚の鯛のアラがかなりの量でも四〇〇—五〇〇円で買え、これに大根を切っていれて日本の味噌をとくと、ほんとうにおいしい鯛のアラのみそ汁になる。それを友人や学生たちにごちそうすると、最高級料理だといって感激してくれた。思い出がありすぎて、そのスーパーのメンバーシップカードは今でも大切にしている。

商店街には韓方薬の店もあり、気力回復のためのコンサルティングもしている。うどん屋があり、さば寿司で有名な小さな食堂もある。私は普通の寿司と刺身が好きで、すっぱめのさば寿司は受付

けないが、さば寿司が特に好きというある知人は、私が教えたその店に行くためだけに京都を訪れもする。

　商店街を抜けると道を隔ててまた商店街が続くが、そのうちの一軒が有名な『ふたば』だ。京都だけでなく、日本全国から人々が訪れ行列をなす店だ。

　一八九九年創業の京都を代表する和菓子屋である出町ふたばは、創立者が故郷である石川県の豆餅が首都京都に定着することを願って始めた名代豆餅の名声が轟き、百年以上愛されている。

　惜しみなくちりばめられた豆、作る過程を目で追い、すごい行列ができるのを見ると味への期待も高まる。部屋からわずかの距離にあるその店の行列に私は三度並んだ。大雨のためそれでも短い行列だった。何列かに並んでいるので割り込むこともできず、勉強のため時間もそれほどさけなかったころだ。この行列をみるとどこかに二号店を出してもよさそうだが、そういうことはしないのだろう。

　ふたばの向かいにある喫茶店にも行列ができる。お汁粉やお餅も売っているが、ソフトクリームの味が格別だ。

そこを過ぎると、私がいつも覗き込んでは買いたい気持ちを抑えなくてはならない花屋があり、そこからは鴨川が見える。出町に暮らしながら心の拠り所とした場所だ。郷愁に、寂しさや悔しさに、勉強の難しさに押し潰されそうになるとき、私はそこへ走った。

数十キロにおよぶその川は、幅は狭いが自然そのもので心が暖かくなる。京都で「最もデートしたい場所」に選ばれてもいるが、恋人同士もいれば、子どもと一緒の若い家族や老人の姿も見える。春になると両岸の桜の老木が花を咲かせ、季節によって趣を変えるその川にそって歩くと、運動にもなり気分もよかった。

都市を流れる川はいいものだ。

彼方には東洋画の絵のようにいくつかの山が連なり、その平和な光景を眺めながら歩く。翌日に訴訟件をひかえ一日ソウルへ行かねばならないのに、行きたくないと思うこともあった。鴨川という名にふさわしく鴨たちが戯れ、空には艶やかなカラスとトンビが悠々と舞っている。

川辺には Bon Bon というフレンチトーストやカレーライスなどの軽食を出す店があり、授業の初期にはよくフレンチトー

ストを片手に勉強をしたりもした。映画のロケ地にも使われ有名だとのことで、大きな窓からは空と川、その向こうの山を見ることができる。

急いで朝ごはんを食べ、バックパックを背負って出れば大学までは一〇余分。左側には長く天皇陛下の居所であった御所の長い塀が続き、私が歩く右側には電球のような細々としたものを買ったとき親切に接してくれた金物屋と一日ひとつアンパンを買う優雅なパン屋があり、しばらく行くと髪を切ってくれる明るい青年のいる美容院が見えてくる。ソウルではひと月に一度美容院に通ったが、ここではふた月に一度通った。

それから同志社女子大学の赤いレンガの建物が見え、そちらに入って早歩きすると、同志社大学の由緒ある正門に出る。一五〇余年前、日本人が尊敬する新島襄が建て、私が敬慕する国民詩人の尹東柱と鄭芝溶の詩碑も立っている。この二人が一九四〇年代に通ったその大門を入ると、気が引き締められ襟が正される。詩人の詩碑の近くにある、私の最初の授業がある弘風館に走っていくと、大きな樹がしげる美しいそのキャンパスには特に明るい陽射しがあふれでた。そのようにして胸にじんとくる毎日が始まった。

帰国してからも京都に行くことになると、私が暮らした部屋のある出町に行き、母の歌碑が高く立つ青森産のりんごをよく買った果物屋の女将さんと、愛らしい自家製スイーツがおいしい喫茶店のご主人、親子二代できつねうどんを作るうどん屋の父と息子、眼鏡屋のご主人など、町内の人々と挨拶をかわす。

人生が旅であるなら、その旅のある曲がり角で出会った優しい人々から暖かな心を受けることもある。韓国には行ったことすらなく、韓国といえば金正恩を思い浮かべるような人々だが、彼らにとっては私が韓国なので、広い意味で日韓交流になるわけだ。

彼らの心遣いのひとつひとつと表情が私にとっての日本の印象として刻まれるとしたら、私は彼らにとって韓国の印象であり、鏡になっているのかもしれない。

「ねねの道」の人々

祇園が古い町でありながら明洞のように商店も多い京都の代表的観光地だとすれば、そこから遠くない東山はどこか品位があり高級感のある雰囲気を醸し出すところだ。

そこに歴史の香りが沁みこんだ道がひとつある。「ねねの道」だ。その道はいつも世界中から訪れる人々がひしめき合っている。魅力的な道だが、観光客がその道に押し寄せる理由は、何よりそこに大きな場所を占めている豊臣秀吉の菩提寺である高台寺のためだ。

高台寺は初めて日本を天下統一した豊臣秀吉の死後、その正室であった「ねね」が秀吉の菩提を弔うために建てた寺院だ。女性によるそのようなスケールの建築物は初めてのことだったので寧々は「世界初の女性建築家」などとも呼ばれるが、高台寺の西側の道路がその名にちなんで「ねねの道」とされた。

私がその道を知るようになったのは、そこにある旅館力弥を利用するようになってからのことだ。後年同志社大学に行くことになるなどとは想像もしなかった頃、京都を訪れてはその旅館に泊まるようになって一〇年以上が経つ。

ねねの道に沿って力弥の門をくぐると、迎えの間に女将さんが座っていた。日本の旅館がホテルよりも高いのは、二食付きの上に布団の上げ下げなどのサービスが充実しているためだ。

客室一〇部屋の力弥はそうしたサービスをやめ、きれいな畳の部屋を提供して一泊一二、〇〇〇円だった。とてもよいロケーションとどの部屋からも庭園を見ることができることを考えれば親切な価格だ。それを私には一〇、〇〇〇円にしてくれたのは、もちろんよく利用したこともあるだろうが、日本で「冬のソナタ」が人気絶頂だったころ、ヨン様の熱狂的なファンだったという女将さんのせいかもしれない。このヨン様の熱狂的なファンは後にイ・ビョンホンのファンになった。韓流が始まったころの話で私としては気分のいいことだった。その後なかなか部屋が取れなくなってしまい、同志社大学の近くにあるホテルを利用するようになったが、この女将さんと仲居さんたちとは親しくなった。

二〇一一年、東日本を大震災が襲ったとき、津波の被害地域からは遥か遠い京都にも一年以上観光客が来ず、タクシーが道端に長い列をつくり、力弥旅館の客が私ひとりというときもあった。当時、NHKや朝日、産経新聞に私の短詩と記事が出て、読者の方々から他の詩も読みたいという問合せが殺到したというので、たくさんの方々の協力を得て日本語で本を二冊出したころのことだ。

ある日の夕方、力弥にもどると手紙が届いており、本を読んだ。お会いしたい。と書かれていた。ねねの道はお店がいくつもないが、案内のあった書店に行ってみると、京都関連の本が陳列されていた。村上さんという、いかにも教養のありそうなその女性は、私の本に感激したといって、高台寺で奉仕活動をしているので、機会があればそこで講演をしてほしいという。高台寺と圓徳院と美術館の入場券もいただいた。

村上さんとはこんなこともあった。帰国のためすぐに空港に向かわねばならないが、ハンドバッグの中に財布が見当たらない。隣のレストランでお昼を食べ、店にも二軒寄ったことを思い出し、行ってみたが見つからないのですっかり狼狽してしまった。村上さんに事情を話してソウルに帰ったところ、何日かして村上さんから小包が届いたので、あけてみるとなくした財布が入っていた。

日本に行くようになって五〇余年。何年か前東京で財布をなくしたときも、一時間後に派出所でキャッシュカードもそのまま戻ってきた。京都でも同じ体験をしたので、これはもう国民という国民がすべて正直でなければこうはいかないと思わずにいられなかったが、紛失物の届け出から受け取りはもちろん、それを送ってくれるまでの村上さんが尽くしてくれたその真心にも驚かざるをえない。

東山には洛匠という茶店もある。道端には街路樹を植えるなどして代を継いで町のために尽くした ある人物の碑石もあるが、その茶店の池には人の腕の倍はあるかと思われるような錦鯉が悠々と泳いでいて、時間が空きさえすればその茶店を訪ねた。ほんとうに美しくて錦鯉の王族のようだ。店の女主人は私をみると「韓国から作家先生が来た」といって、その店の名物であるわらび餅とお茶でもてなしてくれる。

高台寺の向いは、ねねがその晩年を過ごしたという圓徳院だ。高台寺にくらべ慎ましい造りだが、愛らしい建物だ。その周囲には圓徳院が賃貸ししている店舗がいくつかある。緑茶でつくる緑茶色のそばと緑茶アイスクリームがおいしい店があり、土産物屋のご主人はいつ行っても歓迎してくれる。筆やメモ紙や色紙を置いている一坪にもみたないような店にもよく寄る。その店の主人は石の

印章に名前をきれいに刻む技をもつ有識者だ。ときどきソウルから持ってきた海苔とキムチをプレゼントする。

道端に止まっている人力車は古都の趣きを高める。人力車に乗るのもいいが、人が乗っているのを眺めているのも楽しい。人力車の俥夫は狭い路地の中の界隈で最も古いかき氷屋など、何百年の歴史のある場所をまわってはそこにまつわる話を聞かせてくれる。そうして顔見知りになった俥夫とはよく挨拶を交わす。

道の終わりには私が好きなレストランThe Sodohがある。有名な日本画家の邸宅をリノベーションしたとても風情のあるイタリア料理の店で、一七〇〇坪の敷地をもち、庭園も味も特別でとても人気があるところだ。予約した人だけを案内する、入口前で予約台帳をもった二人の従業員とも互いに挨拶を交わす。

こうして京都に行くたびごとに東山のねねの道を訪ね、そこにいる人々に会い、話を交わして二〇余年になる。四〇〇年前に高台寺を建て、圓徳院に晩年を過ごしたねねの実物には当然会えないが、その遥か後裔の人々に会っているのだ。

ずっと昔、初めて東京へ行き、両親の同窓生と知人たちと知り合った。今は私の同窓生、大学関係者たち、教会の信徒、隣近所の人々、そしてねねの道の人々、京都市長にまでその交流が広がった。日本の人々には玄海灘を越えて日本語で発信している私のカルチャーエッセイでいつも様子を伝えている。

個人対個人の話ではあるが、考えてみれば彼らにとっては私が韓国であり、私にとっては彼らひとりひとりの心と姿勢と考えが日本なのだ。

平成を終えて

今日で日本は平成時代が終わる。

韓国内の報道だけを見て行った最近の日本は、新しい天皇、新しい時代を迎える雰囲気にかなり浮かれていた。それまでの大きなニュースだったあと少しの東京オリンピックはどこ吹く風だった。

退位直前、平成時代の明仁天皇は簡素なジャンバーをはおって皇后と腕を組み、普段歩いて出ることのない皇居の外に出て二〇〇メートルほど歩きもした。通り過ぎる人々が歓声をあげた。国民が最高に支持し、仰ぎ見ていることが感じられた。

一九三三年生まれだから、一二歳で終戦を迎えた明仁天皇は、その時の記憶が強く入力されているように、機会があるごとに悲惨な戦争が二度と起きないようにと、ただ平和であれと繰り返された。

六八歳の誕生日のインタビューで、「桓武天皇の母が百済の武寧王の子孫であると続日本紀に書かれていることで、韓国との縁を感じるようになった」と語ったのは、韓国に行きたいという心の現われと解釈された。実際一九九八年に訪韓の企画があったが、諸事情により実現はしなかった。

一九九二年、日本の天皇としては初めて中国を訪れた。南京虐殺事件などがあったにもかかわらず中国国民たちが熱烈に歓迎し、主席との晩餐では「幼くして中国の文化に接した。過去に凄惨な戦争があったことを悲しむ心を持って深く反省し、今後は平和だけがあることを望む」と語った。韓国との縁を深く感じる明仁天皇が韓国を訪れていたとしたら語ったであろう言葉だと思った。

終戦から六〇年後の二〇〇五年には、サイパンで慰霊碑と海に向かって、戦死者たちのために黙祷した明仁天皇は、予定にはなかった韓国人の慰霊碑の前に近づいて献花し、頭を垂れてしばし参拝して補佐官たちを驚かせた。

一九九五年の凄まじい神戸阪神大地震と、二〇一一年三月の東日本大震災、そして昨年の西日本の水害にも天皇としては初めて、被災者の前に膝をつき慰労する謙虚な姿勢で、国民に深い感慨を与えた。

天皇は一つの象徴的な存在だが、日本でいつも感じるのは、国民の胸深くに天皇が刻まれているということだ。

たくさんの人々が険悪になった日韓関係を心配している。

思えば、二〇一二年にＭＢ（李明博元大統領）が竹島で天皇が謝罪すべきだと言及したときから、日韓関係は下り坂になった。日本の人々は私に言う。「私の悪口ならがまんできる。でも私の父親を論うことは許せない」と。弱者に対し真実に向き合い、一貫して平和のメッセージを送り続けることで、明仁天皇は国民から深く尊敬されている。

最近も韓国の国会議長が同じ発言をした。そのたびに日本人の心の扉が閉ざされるのに、地理的に永遠の隣人として生きてゆかねばならない韓国がそうした態度に出ることは、知恵深いこととはいえない。天皇だから尊敬されているという部分もあるだろうが、三一年間その言動を見守ってきた国民は本当の父母以上にその胸に受け入れているのだ。

今度東京でテレビを見て驚いたことがある。

天皇は政治に関与しないために政治とは無関係な勉強をするが、明仁天皇が魚類に対し研究した論文を国際会議の舞台で英語で発表し、西洋の学者たちからの質問に対し専門家として英語ではっきりと正確に答えているのだ。

天皇は韓国が伝えた短歌を詠む歌人でもある。

何年か前国際ペンクラブ会長のジョン・ラルストン・ソウル(John Ralston Saul)を景福宮や清渓川などに一日案内したことがあるが、彼によれば、世界で詩を詠み読書する王は日本の天皇だけだということだ。「えっ、でもイギリスの女王はいつもスピーチするのに本を読まないんですか?」と問うと、自分は女王に何十回も会ってよく知っているが、その家族はまったく本を読まないと言うので、驚いたことがある。

今度の「令和」という年号の考案者ということになっている中西進先生とともに、ソウルで記者たちからインタビューを受けたことがある。最初の質問が「天皇は何をする人なのか?」だった。中西先生は即座に答えた。日本の天皇は「一言でいえば短歌を詠む人」であると。その瞬間、一三〇〇年前に百済が戦争に敗れて日本に渡り、朝鮮半島で詠んでいた歌をそこでも詠み、それを天皇が代々歌い継いできているのだから、自らの言葉通り、百済の後孫に違いないと思われた。

ソウルで短歌を詠んだ私の母が、一九九八年一月に天皇の招請を受けて宮中に出向いたのは、短歌の大家として、天皇、皇后、皇太子を始めとする皇族が作った短歌を朗読するのを聴いてほしいという陪聴人としてだった。当時私もともに宮中に入り待機室で待っていたときには何が何だかまったくわからない状態だった。それでもその小さな体験があったおかげで、ずっと後になって知らないにもほどがあったことを悟り、万葉集を勉強する契機となった。

日本の天皇は本だけは絶対にプレゼントとして受け取らず、本は常に買って読むということを聞いていたが、さまざまな経路を通して、二〇一一年と二〇一二年に出た日本語訳も入った私の詩集二冊がお手元に届けられもした。

日本は今、一つの大きな時代が変わる歴史的な転換期を迎え、崩御をもっての交代でないことに加え、経済も外交もうまくいっているせいか、文字通りお祭り騒ぎだ。

韓国を常に念頭におき、持続的に努力してきた明仁天皇のような日本の天皇は、以前はもちろん今後も出ないようで、そういう面では残念だ。

それにもかかわらず、千年を越えて深い縁のある隣国が、新しい時代を開こうとしているのだから、お祝いするべきであり、それが韓国とのよい関係となるきっかけになればという思いでいっぱいだ。

文学の国

三月二九日東京に到着するや受けた質問は、「今日本で一番大きな話題が何か知っているか」だった。安倍首相の平和憲法改正？　慰安婦問題と強制徴用補償等による嫌韓？　二〇二〇年東京オリンピック？「いいえ、新天皇の「新年号」」だった。

なるほど、何日かソウルにいた間、調べたりすることもなかったのでわからなかった。

日本国民の大きな関心を集めた年号は、四月一日に「令和」と発表された。すると、号外が出て国中をひっくりかえしたような騒ぎになった。

韓国、中国、台湾もかつて王の年号を使っていたが、今ではみなこれを使わず、日本だけが使っている。日本は韓国から六世紀に伝わった仏教とそ

の寺刹、文化芸術の大部分に王の年号まで、伝統のどれ一つをも捨てない国のようにみえる。

現代日本の昭和、平成時代を越え、新天皇の時代となるため、四月三〇日に生まれれば平成三一年生まれ、五月一日なら令和元年生まれということになる。

過去の全ての年号は中国の古典を典拠としてきたが、二四八番目の今回は初めて日本初の詩文学集である萬葉集の序文を典拠としたことで尋常ではない話題を呼んだ。

萬葉集とは、二八巻四五〇〇首からなり、その大部分が三一音の短歌からなる日本最古の和歌集である。しかし、私は知っている。「日本の知性」である中西進先生から何度も聞いたことがある。萬葉集の起源は朝鮮半島の百済であると。

天皇皇后の師であり、私の母孫戸妍の師でもあった中西先生は、韓国から来た母に初めて会うや、「短歌の根は百済だから扶余の白馬江をみてくればもっといい短歌ができるだろう」と語った。

大伴旅人と推定される歌人(その息子大伴家持は萬葉集全体を編纂した人物で、この親子は百済からの渡来人だ)が書いたとされる「梅の花」の短歌三二首の序文から、善いという意味の「令」と調和と平和を意味する「和」をとったものだ。

思えば、生涯韓国で短歌を詠んだ母は日本の「昭和萬葉集」に外国人として朝鮮戦争を詠んだ歌五首が載ったし、最近京都の同志社大学に通った私は一般文学だと思って選択した文学の授業が萬葉集などの古代文学で、一年間ひどい目にあった。

幼くして古代の短歌を学ぶ日本人たちだが、たちまち書店の萬葉集は売り切れ、二〇〇冊の著書のある中西進先生の本も売り切れて増刷待ちだ。

五九歳の新天皇の年号が萬葉集を典拠としたものなら、その詩の根である韓国とも特別な縁があるのであり、気まずくなった関係がこうした縁によってよくなり、日韓がともに調和し平和にアジアと全世界を導いていくことを願う心には切なるものがある。

読書率世界一位の日本が「文学の国」であることを世界に標榜したこの瞬間、文と詩を愛した私たちの先祖たちのことに思いをはせる。

中西進先生

皇族の詩文学

ＮＨＫとＣＮＮをよく見る。

最近の日本は、春に新天皇時代の年号をめぐっての大騒ぎ、引き続く即位式の行事、間近となった二度目の東京オリンピックとその出場選手の紹介、万博にも再び大阪が選ばれる等、何かと気分が上向くニュース一色だ。

即位式に参席した令和考案者と目される中西進氏はインタビューで「　非常に謹厳な趣で、陛下はきりっと口をお結びになって、決意のほどがしのばれました。皇后様は非常に慎み深く、奥行きの深い感じにさせられました」「（陛下のお話がある時は）カーッと日が照ってきまして、素晴らしい日本の未来を思わせるようにとてもいい雰囲気になりました」と語った。

そうした雰囲気で新天皇の歩んできた道を扱ったドキュメンタリーをみた。水を研究する新天皇が皇太子のころUNで「水と災難」をテーマに演説していた。皇族がUNでスピーチするのは初めてとのことだが、原稿を読み、イギリスにも留学した天皇の英語の発音は普通の日本人のそれだった。

私の目を引いたのは、新皇后となった雅子様だった。

外交官の父について海外で暮らし、ハーバードを卒業した。新人外交官時代の初々しい姿は魅力的だ。自由にキャリアを積み重ねることを望み、皇太子からの求愛を七年間拒み続けたが、皇太子の「皇族水準の外交ができるではないですか」という言葉で一九九三年に結ばれた。しかし、男子に恵まれないこともあって何年か鬱病に悩まされた。美智子上皇后も香淳皇后に四〇年間悩まされたというが、皇室とはそうしたものなのだろうか、その中の人生は決して容易なものではないらしい。

そのドキュメンタリーには、待ちに待ったわが子を産んだ後につくった、雅子様の短歌が出てくる。皇太子妃だった平成一二年、二〇〇二年の歌会始で詠んだ歌だ。

生(あ)れいでしみどり児いのちかがやきて　君と迎ふる春すがすがし

短歌は滅亡して日本に渡った百済の王族と貴族たちがもたらしたものといわれる。上皇陛下が桓武天皇の母は百済王族であると明かしたことがあるが、噂では日本の皇族たちが使う韓国語もあると

いう。百済からもたらされた短歌をつくることは天皇と皇族にとって重要な伝統だ。中西先生はかつてソウルでのインタビューで「天皇とは一言で短歌をつくる人」であるといったこともある。

毎年一月には宮中歌会始めの儀という、過去一年間に天皇皇后両陛下をはじめ、皇太子、皇太子妃や皇族がつくった短歌が披講される行事が催されるが、一九九八年この歌会始めに母が短歌の大家として陪聴人資格で招請され、私も同行して宮中に入ったことがある。一般国民までを含む詠進者に指定されたその年のお題は「道」だった。

いつだったか銀座で、上皇上皇后両陛下のご成婚五〇周年記念短歌集を買い求めたことがある。期待以上に素晴らしい短歌だと思った。特に上皇后である美智子様の散文は優れており、教科書にも載っている。雅子様も皇族となってから作歌をしているが、美智子様の水準まではいかないようだ。

天皇皇后両陛下と内親王殿下である愛子様が好んで訪れる御用邸が栃木県の那須にある。上皇陛下のころからよく訪れており、両陛下と愛子様はその山に登ることが好きで、頂上に登った姿がドキュメンタリーにも見える。

天皇は直系の男系によって引き継がれるが、七〇何パーセントかの国民は女性天皇の即位に賛成しているという。幼い甥が引き継ぐことになっているが、学習院を卒業し東大に通う愛子様もお気に入りのようだ。

今日は両陛下のカーパレードである祝賀御列の儀が、皇居から赤坂御所まで三〇分間行われた。その前日には、感謝のお言葉を述べられる天皇陛下が傍らで涙を流される雅子様の涙をぬぐう場面があった。列島の国民は爆発的な歓呼をおくっている。引き続く新天皇即位関連行事に日本国民の心が一つになっている。

新天皇皇后はまだ五〇代だ。

両陛下を見ながら、韓国への好感を持っていたにもかかわらず訪韓を果たせなかった上皇陛下の夢が遠からず果たされ、近くて遠い玄海灘を越え、両民族の心が近づくきっかけとなるように、そして両国の葛藤が消え去るようにと願ってやまない。

那須の野を親子三人で歩みつつ　吾子に教ふる秋の花の名

平成二九年、　二〇一七年　歌会始の儀式における雅子様の短歌

東海

朝刊にのったこの青年たちの写真を見て我に返った。記事を読んでなおさらそうなった。

日本の京都国際高校は韓国系だという。

京都の同志社大学に通っていた間は、思ったよりも科目ごとの勉強が大変で、行きたい名所にも行けず、ほとんど教室と図書館と部屋を行き来するばかりだったので、大学でもない中高校に関心を持つこともなく、行ったこともなかった。東京の韓国学校は知っているが、京都に韓国系の学校があるとは知らなかった。

一九四七年、京都朝鮮中学校として始まったこの学校は、学生数が七〇名に減るとアイデアを出し、一九九九年野球に特化して学校を立て直そうとした。最初の五試合は負け続けだった。それが二〇二一年の今年、八試合を勝ち抜いて日本高校野球児たちの夢の舞台である「甲子園」本選に進出し、新聞やテ

レビで大きな話題になった。

運営難により事実上「日韓連合学校」に転換し、毎年韓国と日本の文部科学省からの支援を受けているが、日本の支援の方が五億ウォン以上多いこともあって、日本国籍の学生の方が多い。男子学生は野球がしたくて、女子学生はKポップが好きでこの学校に来るのが大部分だという。

国際高校らしく韓国語、日本語、英語を中心に教えているが、韓国関連の教育がもっとも多く、修学旅行も韓国、個別体験研修も毎年四、五回韓国に送っている。朝鮮時代の通信使の歴史を教え、未来志向的に両国の学生を教えるというのだから、その話に心が暖かくなった。

幼いときに学ぶことはスポンジのように入力されるものだ。たとえ日本国籍に変わったとしても、学校の根と先祖の歴史を基本に学ぶというのだからなんとも心地よい。

ところで、私の胸をさらに打ったことがある。

学校でいつも歌う校歌を今度の甲子園本選の舞台でも歌うというのだ。出場学校の効果を競技中に放送で流すのだが、それが韓国語の校歌であるという。

「東海を越え大和の地は偉大なわが祖先の昔の夢の場所…」という歌詞で始まり、四番には「力強く立て大韓の子孫」という一節もある。

野球部員と応援団がこの歌をうたうことになる。

日本社会の一角では、この校歌に「東海」という言葉が入っていることを問題にして、「東の海」と翻訳した日本語の校歌字幕を　ＮＨＫ　等に提供したという。

しかし、この学校の野球部員たちは「そういったことは気にせず韓国語の校歌を堂々とうたいます」と言っている。

すぐ隣の国がなぜ同じ海をめぐってこんなにまで気をすり減らすことになったのだろうか。

こういったことを言い出せば一つや二つではすまない。

「振り返らずに未来志向的に行こう」というもの正しい言葉だが、抑圧された側にはそうしたものがひそかに湧きあがってくることも理解できる。

母の忌日ごとに、文学を中心に朗読会やスピーチをしたり、母の作品を絵画や音楽などの美術で表現した展示会や公演、舞踊などのマルチ文化行事を国内はもちろん国際的にも何度か行ってきた。そのたびに生きているときにできたらどれほどよかったろうと後悔もするが、現実はそういうものだ。

そして何年か前、韓国、日本、フランスでハイレベルの画家たちと会い、四ヶ国語に翻訳された母の短歌をみせ、このうち気に入った短歌があれば、それを絵画や陶磁器、彫刻などで表現してほしいと依頼し、同じく母の短歌に曲をつけた楽曲の初演音楽会とともに展示会を開いたことがある。

そのとき、東京銀座で会った日本人画家が選んだ短歌が「東海」だった。

その短歌に霊感をえて、油絵を四作品も描いたのだ。

数百首の短歌の中で、それが一番心に触れたという。

ちょっと怪訝な思いだった。

たくさんの短歌を何ヶ国語に翻訳しながら、短く圧縮された一行詩に込められた母の魂に共感することはあったが、「東海」という短歌は胸にじんと迫る母のその他の短歌にくらべ、平凡なものだったからだ。

母の死からずっと後になって気づいた。同じ海を異なって呼ばねばならないその心情を。成熟して理解度が深まったせいかもしれないが、なぜあの日本の画家がたくさんの短歌の中から「東海」を選んだのだろうか、それも四枚もの絵を描くほどに感激しながら…そう考えた。

彼にとっては生涯「日本海」としてのみ知っていた海だったのに、その海の向こう側である韓国の歌人の短歌によって、互いに異なった名前で呼ぶようになったことを初めて知り、その焦燥感に共感したのだろう。

そうしたことをきっかけに、日本の帝国主義時代の韓国に生き、解放後の韓国に生きて逝った母とその時代に人々の心情と、同じ海が異なって呼ばれるようになった数奇な運命に対する疑問と焦燥感の深さを理解した。歌人には会ったこともないのに心で通じ合った芸術家が解釈した人間の実存と国境を超越した青い海の絵を思い浮かべる。心と心をつなぐ平和。

今度、京都へ行くときには、ぜひ京都国際高校に行ってみたい。そして機会があれば、海を隔て合った心と心のつながりを、素晴らしい青少年たちに伝えてあげたい。

国に寄り海の名前も異なりて東海を此処では日本海と呼ぶ

東海

鴨川の春

妙心寺花見

もう五月。世界のどこでも春の花は散ってしまっただろうが、四月に京都で眺めた桜のその姿がいまなお目にちらついている。この乱れた世の中にも季節を問う人はいるかもしれないが、まあ大目に見てもらおう。

なぐさめられる人もいるかもしれない。

過去十余年間、京都の桜を見続け、その話を文章で映像で実にたくさんしてきた。

その美しさと花を咲かせる努力には驚かされるが、十ヶ月間身ごもり激しい陣痛を経てこどもが生まれるように、わずかな一瞬に咲くために一年を耐え忍んできたその姿を見てあげなければと、まるで義理を守るかのように毎年春には一時間飛行機に乗った。そしてその湧き起こる生命を静かに見つめ続けてきた。

今年の春も白川の小さな川をはさんで短歌の歌碑の上に流

れ落ちる見慣れた枝垂桜、広々とした高台寺の節制されたたった一本の枝垂桜、圓光寺のそれ等、巡礼するかのようにその生命をゆっくりと眺めた。

どれもみな特徴があり、何度見ても我を忘れてしまうほどに美しい。ときどき一つだけ選ぶとすればと聞く人がいる。これほど難しいこともないが、花そのものであれば、Best の桜は「妙心寺」の退藏院の庭園に咲く、数十メートルの広さでとてもワンカットには収まらない紅枝垂桜を選ぶかもしれない。できれば秘密にしておきたい花だ。

まさに Queen であり、純潔にして凛々しく、威厳と気品がありながらも従順な姿だ。これまでも縁のある方々には見せてきた。その都度あきれるほど素晴らしいと言っては何度も驚くことを繰り返している。

とても言葉では言い表せない。

たんに花と呼ぶには何かしら神々しく節制された高い美がある。それを作った見えない手にも、咲

妙心寺　退藏院の白い砂の枯山

春の余香苑は五月になるとツツジが咲く

いた生命体にもただただ頭が下がる。

日本には手を加えた人口美があるかのように考えやすいが、よく見ても手を加えた跡は見えず、自然がより自然らしく見えるように励ましている劇的な美しさがある。

妙心寺は、一五世紀に建てられた五万坪を越える巨大な寺刹だ。日本のことを縮小志向的だといったのは誰だったか。世界的な規模を誇るものの方が多い。ここにしても七つの大きな伽藍と四六の塔頭からなる一つの大きな町のようだ。初めて見学したとき、中にある有名なものは全て見たが疲れしまったので、その後は特に春と秋の退蔵院という小さな庭園を訪れることにしている。妙心寺のエキスにして、見ることすらもったいない生きている宝だ。

退蔵院の小さな門をくぐると、魅力的な庭園がマジックのように繰り広げられる。左側の枯山水の陽庭園の白い真砂土にまでなだれ落ちる紅枝垂桜、そのすぐ右に同じ木からのびた花が垂れかかる黒い真砂土の陰庭園を見て、さらに別の枝垂桜をはさんでずっと奥に入っていくと、池にそって余香苑のゆったりとした庭園に導かれる。そうした光景を深く息をしながら眺める。そしてその横の畳部屋の障子戸を開けて入り、丁寧につがれた濃い緑の抹茶を飲み、目の前にある地面に降り立った一本の濃い撫子色の桜を夢のように眺める。音ひとつ立てる者もいない。

予約が必要だが、夕方には照明のもとで食事をし、新しく生まれた桜を眺める特別コースもある。

この時期残念なのは、花の満開は春のように一瞬なので、三四ヶ所をまわっているうちに、必見の他の花が散り始め、タイミングを逃してしまうことだ。

全部が全部優れた作品であり、名残惜しくも切ないことだ。

しかし、だからこそより崇高に見えるのかもしれない。

毎年春ごとの受け止め方と気づきとは、眺める者の眼識と成熟度によって異なってくるだろう。

弱くもろい傷
その涙を星の花として咲かせたのだろうか
桜の花見
その花見
手招いて私がみつめる
その姿

平安神宮の夜桜

夜が深まるほどピンク色の星たちはきらきらと輝いた。

平安神宮のライトアップされた夜桜を初めて見たときの驚きだ。そのため、その季節に京都に行くことになれば必ず一度は夜に訪れる場所だ。

明るい陽のもとでこそという場所もあれば、夜景がとりわけ引き立つ場所もあるが、平安神宮は昼も柔らかに伸びた枝ぶりの優雅さが素晴らしく、夜は夜で背の高い木を見上げると真っ暗な夜空に花のひとつひとつが明星のように輝く。蕾の数も相当なものだが、広い庭園は全体的に調和がとれている。

三月末ともなると、わずか何日かしか咲かない桜は、見どころの多い京都ではその盛りが過ぎて

いるので、回る順序を賢く組まなければ慌てることになる。開花日が少しずつずれているのが幸いだ。しかし、その開花日も毎年異なる。ライトアップで有名なところが三十ヶ所ほどあるが、私が選ぶ夜景は断トツで高台寺と平安神宮だ。二ヶ所とも見るに値する。

二つの場所はその個性も全く異なる。

高台寺ではたった一本だがその木の敬虔さに心が惹かれる。平安神宮は木の数も多いが、ここには寿命といってもせいぜい二三百年の桜の木だけなく、千年を超える大樹も花を咲かせ自らの歴史を語っている。高台寺では一本の木を誰に強いられたわけでもないのに跪いて祈るように眺め、平安神宮では二万坪の庭園の曲がりごとに散歩道の桜と池の錦鯉を眺め、楽しみながらしばし歩く。

韓国人もそうだが、ホテルや旅館に何泊かすると、自然とロビーを行き来する外国人と知り合ったりするものだ。今はここがよく、ちょっとしたらあそこがいいと教えてくれたり、一緒に行ってくれることがある。アジア、アメリカ、ヨーロッパのリピーターが選んでくれるせいか、心して聞くことにしている。

あるホテルのロビーに、日本語を教えるというプログラムがあった。カリフォルニアのシリコンバレーでスタートアップするというアメリカ女性のジェインは、同じ単語を何度教わっても発音は下手だった。彼女の母親と息子、つまり親子三代と一緒に平安神宮に行ったところ、ライトアップされた夜景に口が開いたままになってしまった。

そこには花見だけがあるわけではない。

庭園には大小の池がある。湖のように大きな池のそばには舞台があり、春には何日間か有名な司会者によるクラシックやバラードなどの音楽会が開かれる。舞台の両脇には地面に向かって優雅に伸びた枝垂桜の木が立っている。池にかかった長い橋は橋殿になっており、そこに並べられた長いベンチに観光客たちが隙間なく座っている。橋殿に入れない人たちは立って見ている。チケットは五千円で指定席はない。桜に混じってところどころに見栄えのよい赤松が見え、照明に照らされた赤い幹が深い夜にまぶしい。古の王族もこうして楽しんだことだろう。

一八九五年、平安京遷都一一〇〇周年を記念して造られ、一九七六年の大規模火災で焼失したものを建て直した平安神宮は、歴史は千年以上でも比較的最近建て直されたせいか、新し

い建物のように見えるが、そのうち大極殿など六つの建物が重要文化財に指定されている。

火災当時、政府からの補助金が出ず、全国から送られてきた義援金により建て直され、京都への遷都を決めた桓武天皇を奉る神社に変ったという。かつて明仁上皇が自身の誕生日の記者会見の場で、桓武天皇の母親は百済人だったと言ったあの桓武だ。京都の首都としての一一〇〇年の歴史はその時から始まり、桓武天皇は京都初の天皇として重要視されている。

面白いのは、平安神宮のある岡崎は今は市内の中心とされているが、当時は郊外とされていたため、そこに建てられたいうことだ。鮮やかな赤色が特徴の大きな正門はよく目立ち、正門の外の参道の始まりに立つ、高さ二四メートル以上という有形文化財である大鳥居の濃い朱色も、高度制限のある都市の中でよく目立つ。

二万坪の敷地の半分は「平安神宮神苑」と呼ばれる庭園だが、明治の有名な作庭家七代目小川治兵衛による二〇年越しの作品だ。池には珍しい魚や甲羅に草が生えるミノガメなどがいる。日本最大の湖である琵琶湖から引いている池の水には、イチモンジタナゴという淡水魚がいるが、これは源流である琵琶湖では外来魚により絶滅してしまったという。

舞台はコンサートだけでなく、伝統的な結婚式場としても利用され、伝統衣装に身を包んだ新郎新婦が華やかな春のように目を引く。

こんなふうに、京都のいたるところに宿っている朝鮮半島と日本の関係を考えさせられる平安神宮だ。

白き月暈に
さらに美しくあれ
桜　お前の唇

傷

京都に来ると、春だろうと秋だろうと、夏だろうと冬だろと同志社大学の真向かいにある御所に立ち寄ることになる。

そこは入場料もなく、門も常に開いているので、広い敷地内を悠々と歩くこともあるが、閑寂としてスケールのある敷地を横切った方が近道なので、そのときごとの目的地に近い門から出るために入りもする。

すらりと高くのびた数百年は経っていると思われる一抱えもあるような美しい木々が目につく。韓国の王宮でもそうだが、京都の御所でも美しく品のある木をみると、これらの木々はどのような縁と背景をもってこの敷地内に根をおろし、尊ばれるようになったのかとふとそう思う。

季節によりさまざまな種類の花がきれいに咲き、夏には生い茂る青い葉がさわやかで、秋には色とりどりの紅葉と黄色い実、手のひらよりもずっと大きな銀

杏の葉も目につく。

私は初めてここに入ったのは、四月の初め、桜の季節だった。二〇余万坪の広々とした敷地の北のはずれ、同志社大学に近いところに地面にまで垂れた十本余りの素晴らしい枝垂桜と出会った。世界中の桜を見たがこれは本当に特別な桜の群生だった。比較的遅く咲くその桜は京都の他の場所の桜が全部散っても、晩春まで輝く姿で私を迎えてくれた。

この桜を見ようと思えば四月初旬が見どころだ。眺める人々はみな顔が明るくなり、美しいと褒める。長い冬を越えて迎える華やかさに、縮こまった心を開き互いに微笑みあう。

既に何度も見た私は、さまざまなところから訪れて来た人々に、この桜の前で出会ったというだけの理由で、この桜の特徴と見る角度によって異なって見えることを説明し、自らすすんでよい位置で写真も撮ってあげたりした。私とそこにいる全ての人々の目はただ、華やかでありながらも慎ましい爛漫と咲く桜にのみそそがれている。

そんなある日、桜の前から立ち去ろうとして名残惜しげに

ふり返ると、二〇余メートルの幅の桜の群生から遠く離れて立つ木の根元の醜い傷が目に入った。胸にじんときたその瞬間の感動が忘れられない。華やかな桜に隠れたでこぼこのその傷跡に目を向ける者は誰もいない。

このもろくて軟らかい桜がただ咲いたものではないことに気づかされた瞬間だ。その苦労と苦痛、一年のわずか何日かを咲くために休む間もなく繰り返されてきたその木の犠牲と献身、その営みをはっきりと思い浮かべることができた。私は引き返して管理番号票がつけられた不憫なその幹をなでさすり抱きしめた。

春にだけ御所の北の端にあるその桜を訪ねていたが、その後花も葉もみな落ちて肌寒くなった季節にも訪ねるようになった。全く異なる環境と全く異なる姿なので、どこだったろうかときょろきょろしながら探さねばならなかった。これがあの木だったろうかと何度も確認した。そこには誰もいなかった。春に花が散り青い葉が茂り出しそのすがすがしさも消えると桜の木は他のどんな木よりも先に紅く色づく。そして他の木が色づく前に全ての葉をふるい落とし裸木になるとそこに大きな瞳孔のように穴をあけた傷が赤裸々に現れるのだ。

真冬に命を使い果たしたようなその木は、命がけで土の中の水を吸い上げ、命を育んでいた。私は久しぶりにまたその幹をなで「元気だった?.またピンク色の花を咲かせて世の中をびっくりさせてくれるのよね。そして長く厳しい冬を耐え抜いた人々に、また希望を与えようとするのね。そうでしょ。」と語りかけると幹に押し付けた私の耳に木が水を吸い上げる音で木が応えた。

誰にでも苦難はある。誰にでも傷はある。

傷は痛い。しかし、だからこそそれはさらなる生命を咲かせるだろう。あの桜の木のように。

試練のない人がいるだろうか
傷のない人がいるだろうか
傷よりもさらに大きなものは愛
それで傷をふさぐ

木折れる

それを見た瞬間、絶望した。

私がその木に初めて対面したのは二〇一四年。翌年から始まる同志社大学での留学に備え、部屋を探しているときだった。

大学の向いにある御所は代々天皇が居住した宮殿で、景福宮よりもはるかに広いので、全部を見てまわることはできないが、外につながるいくつかの門のうち、大学の正門の向いに見える門を入るとすぐに桜が群生する特別な庭がある。

京都には何度か訪れていて、春には素晴らしい桜の名所を既にたくさん知っていたが、御所の北端の高い桜の木が十余本、幅広く優雅に花を咲かせ互いに咲き乱れて、枝垂れる姿には感嘆せざるをえなかった。

そのうちの一本は一五メートルほどの高さで幹はさほど太くもないのに、一〇メートルほども伸びた枝には花が咲き乱れていて、仰ぎ見たり、周囲を回ってみたり、触ってみたりして、その美しさにはまってしまった。

何日ももたない花なので何度も訪れては見た。あるとき去りがたくて振り向くと、そのとき初めて花の下にあるでこぼこと荒れた木の幹が目に飛び込んできた。私は走りよってその幹をなでさすり、抱きしめた。裂けてひび割れ見た目にもうずくようなその枝に数億個もの花を華麗に優雅に咲かせるのがありがたくも痛ましかった。見物人たちはみな木の上の乱れ咲く花だけを見て誉めそやしていた。

行き場所の多い都市、花の咲く季節にだけ見ていたその木を、なぜかこの冬に見たくなった。京都は釜山よりも南にあるので寒いと思ったことはないが、冬にはやはり葉も花もなかった。

日程を終えて御所に立ち寄った。

春や秋ではないので人影はまばらだった。春ごとに数多くの花を咲かせたあの木を探したが、どんなに探してもみなそれっぽく見え、葉と花がないので寒々としみな似たり寄ったりだった。ほんとうにみな同じように見える中をかきわけかきわけて、ついに夕間暮れにそれを見つけたとき、春よりもさらに空にみえる木の幹、ひび割れ深く抉られた姿を見て涙が出た。何度も見たその桜の木が真冬に、表面にはそう見えないが、その中で春に花を咲かせるために全力で根から水を引上げ自身の体に行き渡らせる作業をしているのだと思うと、犠牲の道をゆく『大地の母』のようであり、痛ましくてまた抱きしめた。来年の春も華麗に花を咲かせ、長い冬を耐えてきた人々を、私を力づけてくれるのよねと、生きているその命に語りかけた。

春がめぐるごとに、そうしてその桜の木は失望させなかった。二〇一八年の春にも。空から枝垂れるその希望を見てはたくさんの文章をつづりもした。「なぜ京都なのか」という本にもいくつか関連した文章がのっている。

それなのに、二〇一八年の秋に訪ねてみると、ああ、どうしたことだろう。十余本の木のうち、ひときわ目をつけていた一番華麗に花を咲かせるが一番抉られ醜くひび割れた幹のその木が、高くそびえつつ長く長く横へ伸び ピンクの滝となって枝垂れていたその花の枝が、完全に切り落とされてしまっているではないか。やせこけた細い幹だけが残され見る影もなかった。すさまじいテロにあった姿に、ただ言葉を失った。周りには誰もいなかった。

その年の夏に襲った暴雨で関西空港が閉鎖されたというニュースは見たが、明るいピンク色で世の中を照らしていた花の枝がばっさりと切り落とされ、上に伸びていた枝を数本残すだけの姿になってしまったとは全く知らなかった。

根こそぎ掘られてしまわなかっただけでも幸運だと慰めてみたが、ああ、それは、その瞬間は絶望だった。一年十二ヶ月、全身全霊をかけて咲かせた命の大部分が、その体からはがされるときの心情はいかばかりだったろうか。

その木に近づき別の意味で再び抱きしめた。これまではこの木が私を抱いてくれたのだとしたら、今度は私が心からこの木を抱きしめる番だ。

ごめんね。全然知らなかった。両手を切られちゃってどうしたらいいの。痛かったでしょうね。血の涙を流したでしょうね。木の端からみると花のかたまりが大きなハート型に見える傍らのベンチに崩れるように座りこんでしまった。

しばらくして立ち上がった。おまえならできる。自然がくれたものを自然が奪っていってしまったけれど、もう一回始めるの。できる。最初の一歩から一歩、もう一歩と進むの。幹もあるし、水もある、空気もある、そして根をおろした土がある。そこへ太陽が降りそそぎ、毎日毎日また育てるの、これまでしてきたとおりに。

一晩のうちに長い枝を育てることはできないけど、いつかはこれまでよりもっと大きく、新しい姿に育つはず。おまえならできる。おまえを毎年見てきたわ。おまえの中には華やかなピンクの水がいっぱい溜まっているでしょ。枝を伸ばして、芽を出させピンクのエキスを再びそこに入れてあげるの。何よりも命があって、授かった使命がある。試練を乗り越えて起き上がり、さらに眩しい姿で世の中に希望を灯すの。悩み苦しむ人々に大きな力になってあげるの。

去る四月にそうやって撫でさすって帰ってきてから、大学院で文化芸術文学を教えはじめ、六月の最後の講義を終えてから腰を痛めて動けずにいる。私が今聞くべき言葉をその木にしていたような気がする。

これもまた予想外の苦痛だ。

全ての日程をキャンセルし、遠いところは固辞し、一時間の距離でしかない京都にも行けず日常生活に支障があるが、来年の春には起き上がり、私に語りかけてくれたあの木と向かい合うことができることを願っている。

木はいくつかの美しい花を咲かせる
互いにみつめ合いどれほど好きになっただろう
どれほど情が深くなっただろう
新しい春に
私たちは一目で見分けがつくだろう
人も木も命は同じもの
慣れ親しんだ木はなおのこと

２０１８年 まで
１５メートルの幅に咲き乱れていた折れた木

御所の木 2018年 春

千年の苔

ここはスティーブ・ジョブズが静かに鑑賞していった場所だという。

日本の人たちから京都では必ず行くようにと何度も勧められた唯一の場所が、この苔寺だったが、予約の仕方が短期滞在の旅行者には容易でなく、しかも手書きの手紙を送ってしばらく待たねばならないので、何の期待もしなかった。

境内一面を覆う苔の美しさから「苔寺」と呼ばれているが、本来は千二百年の歴史をもつ西芳寺だ。奈良時代に開山する前は聖徳太子の別荘があったと言われている。兵乱による荒廃の後、有名な作庭家である「夢窓國師」が禅寺として再興したという。

京都の見どころというべき数多くの名所や庭園の入場料は、普通六百円から高くても千円としても、一日に何ヶ所か回ればそれでも負担になるが、この苔の庭園は往復はがきを送ってもしばらく待たねばならない上、一日に一回だけ拝観できるチームに選ばれなければならず、入場料もなんと三千円もする。旅行地であれこれ

買いものをすれば、思いもよらずお金が出てしまうものだが、三千円のチケットは旅行客には大金だ。

結論からいえば、それにもかかわらず、その独特な美しさにはそれだけの価値があった。

拝観希望の手書きの往復はがきには古語を使わねばならないともいう。二一世紀デジタル時代に千年前のスタイルを固守しているとは、日本人は先端を行きながらも同時に伝統をしっかりと守っている。二一世紀に理解しがたい姿だが、それだけに魅力があり、西洋人が惚れこむだけのことはある。

入場時間である三時少し前に到着すると、大門の横に「ユネスコ世界遺産」という大きな掲示板が私を迎えた。大門は閉ざされているので、その横にある白い花の木を庭園の奥に望める小さな門をくぐると、驚いたことに一二月に粉雪のように白く花を咲かせた桜の木があった。葉が枯れ落ちた紅葉の中を歩いてゆくと、長く伸びた桜の枝が芝生の上にそよぎ、広々とした芝生のような厚い黄緑のベルベットの苔が目に入ってくる。まだやっと入口を入ったに過ぎないのに、他では決してお目にかかれない、真冬の別世界が広がるその新鮮な雰囲気を感知する。

選ばれた三百名が高雅な雰囲気に合わせて案内のとおりに、おとなしく靴を脱ぎ大きな本堂に入り、座卓の前に静かに座る。若い僧侶が苔寺の歴史と背景を語り、聖なる雰囲気を造成すると、威厳のある住職がどこからかそっと現れ、礼をすると長々と経典を唱え出した。

幼いころ私を教育した祖母が早朝に唱えていた発音と似ている。インドからやってきて六世紀に韓国を通して日本に入った仏教は、それぞれに根をおろしながらも、その発音が似ていることを感じるが、聞き取れもしない私は小さな座卓を前にして、前後左右のいろいろな国から来た人々とくっつくようにして座り、久しぶりに祖母の思い出にひたった。

二十歳のころ、その必要もないのに流行中だったダイエットをしようと食べ物を減らすと、よく食べないとだめだといって気をもみ、大学を卒業すると二階の私の部屋に熱心に通って、このお婿さんは家柄がとてもよく…とやり始めるので、それが煩わしくて拒みもした。可愛がってくれているのだとは思っても面倒くさくもあった。

小学校を卒業するころ訪ねてきて、私の手をひきながら中学の登録手続に行った。自分の同級生た

ちはみな寡婦になってしまった。朝鮮戦争当時、男たちがお前の祖父のように拉致されたり、戦場に狩り出されてそうなったんだからと言いながら、私を京畿ではなく梨花の受付の列に立たせた。なにはともあれ、こうして祖母は私をキリスト教学校に入れてくれた。

そのうち長い金剛経も終わると、各自目の前にある座卓の上で墨をすらせた。筆で紙に自身の出身国と名前、生年月日、そして願い事を書けば、それを祈ってくれるという。京都は大都市ではないが、早くから韓国から仏教を受け入れた。今や大小のお寺を全て合わせると三千寺にもなるという。そのうちのいくつかは世界各国から観光客が訪れる名所だが、筆と墨を与えて宗教に参加させる試みは初めて見た。一時間ほどのかなり長い時間だった。あきれるほど素晴らしい庭園だけを見せられるよりも、核心に迫れるようだ。

少し考えた後、明け方午前四時ごとに経をあげていた仏教徒だった祖母のおかげでクリスチャンになった私は、「信仰、希望、愛」という聖書の句を心をこめて墨書した。

再び靴をはいて案内についていくと、期待していた苔の庭園が本格的に広がるところに出る。さすがに壮観だ。一二〇種類もの苔というが、十二月も中旬というのにこんなにもみずみずしい黄緑色に光っているのだから、本当に見ごろという五、六月にはどれほど鮮やかに光っていることだろう。真ん中に池があるが、その池は島をうまく配して日本人が重視する心の字に象られている。

苔の間を何センチかの幅で細く長く水が流れ、大きな木の間々を一万坪以上繰り広げられるビロードよりも厚い苔の芝生のあちこち赤い実がみえる。高低のある道を登ってゆくと、これまでとは全く異なる姿の枯山水があらわれ、まだ葉が散っていない楓の木も風情よく立っている。

中国からの観光客が声もなく感嘆している姿が目に入る。哲学的で東洋美学を敬慕しながら早くに世を去ったスティーブ・ジョブズもきっとここに感動したに違いない。

最初の大門のある入口近くにある地面まで伸びた枝垂桜を見るのであれば三月の末がよく、その横に長く並んだ何本かの楓の中を歩こうとすれば十一月にも来なければならず、苔の光が最も美しいという六月にもまた…　あの面倒な往復はがきの申し込みをまたしなければならないだろうか。

何よりも金剛経を唱えていたときに思い出した、既に三十年も前に逝った祖母に、また思いを馳せる。幼いころ可愛がってもらいながらも孝行はできなかった祖母。アメリカにいたため二十余年も離れ離れで暮らし、ソウルに帰国する直前に逝ってしまった張福順祖母のことを思いつつ、緑色の別世界の庭園の中を孫娘が歩をすすめる。

苔の間を細く流れるせせらぎ

「おばあさん、ごめんなさい」

ただただそう許しを乞いたいやっと目覚めた初孫娘
「おばあさんの心があのときはわからなかった
ずっとそばにいてくれるものだとばかり思ってた」

千年の都市
千年の庭園
苔寺

心の字を象って島を配した池

鴨川の春

京都にも春がきた。

冬という季節はどこにでもある。それが長く沈鬱なものであれば胸の中に春という希望を抱いて耐えてゆくのかもしれない。胸に抱いていたその春がきた。

花だけの春などあろうはずもなし
春の来たらぬ冬もまたなし

心の中にそんな詩が芽生えてしばらく後に、東日本大震災が起こり、その詩が外に飛び出した。二〇一一年、二〇一二年と日韓両国で日韓両国語による二冊の詩集を出すと、マスコミをはじめ人々は世紀的な災害に日本人を慰めようと溢れだした詩句の数々といってくれたが、もともと私の中にあったものであり、誰に

でもあてはまることだろう。私自身を慰めようとした言葉かもしれない。

ある年の春。長い冬があけ偶然タイミングがあって眺めた京都の桜は芸術だった。ソウルから比較的近いそこに冷たい季節を過ぎると何度か春を求めていった。そうするうちに、気に入ったところを刻むようになり、その数は訪れるごとに増え続け、いろいろなところで花を見ることになり、その形や色、立ち姿の特徴を記憶するようになった。国内はもちろん、アメリカやヨーロッパの桜が一番だと考えたこともあった。けれど、どこか昔の夢の中で見たような京都の桜は、懐かしく暖かい美であり、世界桜オリンピックがあるとすれば、京都が間違いなく金メダルだと思った。

昨年の春入院して一年苦労したが、今年の春再び眺める桜に目がまぶしい。長い冬だったが「私の人生にも春の日は訪れる」という願いを持たせてくれる。

高台寺、圓光寺、妙心寺、天龍寺、そして嵐山の薄桃色におおわれた華やかな山と川をひさしぶりに眺める。どうしていつも春ごとにあんなにも変わらぬ華やかな姿をあらわすのか、生まれて初めて見るように驚かされる。

短い間に見るべきところは多く、心も急かされる。私が住んだ同志社大学の近くの部屋の横の鴨川も気に入っているが、名高い名所の華麗な桜を追いかけていると、正直わざわざ行く暇もない。だから三四日の観光客の日程には鴨川は最初から入ってもいない。

私も例外ではないが、行くべきところを決めて車を走らせ、道に迷って偶然鴨川を通り過ぎたとき、我知らず「五分だけ止めてください」と叫んでいた。そして川端に小走りに駆け下りた。ああ、鴨川。その名のとおり鴨の川だ。

勉強のために私が住んだいた部屋から何分か歩けば川だった。小さな部屋の窓は向かいの家にさえぎられて息詰まるので、学校の図書館が閉まる一〇時までそこで勉強し、部屋に戻ってシャワーをしてはよくその川に出た。ソウルよりも明るい月が中天にかかって明るく水辺を照らし、三六キロも続く川の土手の一部を夜ごと歩いた。逃げ出したかった国と家が懐かしく寂しくもあり、置いてきた人にも会いたかった。

鴨川は文人たちの詩や散文、小説にも登場する京都を横切る比較的狭くて浅い川だ。同志社大学のキャンパス内の尹東柱の詩碑の横にならんで立つ、尹東柱の師匠筋にあたる鄭芝溶詩人の詩碑に、『鴨川十里の野原に』という詩としても刻まれている。

文豪たちが深く省察し、愛をそして祖国を胸に抱いて歩いた川端を、人影もない夜中に歩き、週末には人々がそうするように川端にビニールシートを広げてはみるが、休日を楽しむ彼らとは違って、私は買ってきた寿司を食べながら試験勉強しなければならなかった。特に万葉集についていくには… ふぅ〜。

再び迎えるこの四月の初めに、鴨川十里の野原には瞬時に散ってしまう春の満開の桜が果てしなく咲き連なって萌えあがり、ところどころには青みがかった枝垂れ桜も萌え出ている。

ああ、川とともに思い出す過ぎ去った時間たち、思いたち。韓国とアメリカの文化を背景に育った者が、恐れもなく飛び込んだ日本での勉強に息を切らせているのに、そこに目を向けると、季節ごとに咲き育つかわいい草花たち、空を飛ぶとんびとあまりに黒くでまぶしくすらある初めて見たカラスの群れを思い出す。何よりも無限大に広がる空があった。そこにはどこにも国の境界、国境はなかった。

慣れたせいか、他のどんな名所よりも心が落ち着き安らかだ。そうだ。ソウルで一番懐かしいのがまさにこの鴨川とその川端だった。慰めてくれたからだ。

川面に小鴨たちが浮かんでいるのが見える。ここに暮らす人々から常にデートしたい場所第一位に選ばれる場所らしく、手をつなぎあったカップルが桜を眺め、空を見上げる姿が睦まじく、穏やかな気持ちにさせられる。

まわりの環境というものの重要性をいまさらながら感じさせられる。

若者と老年のカップルに差が見えない
安らかな水の色　まぶしい桜に心が染まり
鴨川十里の野原

龍安寺　秋に染まると

永観堂 入り口

再び京都

再び京都です。

アメリカから帰国してすぐ、時差もそのままでどうしようかとも思いましたが、ずっと前の約束を守るために1年ぶりに京都に来ました。

ソウルにいるときは遠くに感じていましたが、一時間一〇分で飛行機を降りれば、昨日もいたかのように親しく感じます。

久しぶりに京都に来たので、ちょっと前までアメリカにいたことを思い出し、自然と二つの国を比較してしまいます。はるかに長く暮らしたアメリカは故郷のように親しみがありますが、一五時間の飛行を思うと、乗ったらすぐ降りる日本のほうによく来ることになるだろうという予感がします。

沈鬱なソウルから来てみると、日本は今全然別の雰囲気です。何年か前から心血を傾けてきた東京オリンピックがだんだん近づいてきるせいか熱気づいていて、経済は順風満帆、求人企業はあまたあるのに人手不足、そこに何日か前には二〇一五年の万博博覧会に大阪が選ばれ、全国がわき立っています。

考えてみると、ニューヨークやワシントンでの四週間、お店や食堂で白人従業員を見かけませんでした。米合衆国とはいいながら、だんだんとヒスパニック、黒人、東洋人が増加の一方にあることを実感します。白人ではない人種の総数が白人を超えたとは、トランプがAmerica First、移民絶対反対を叫ぶのも現場で理解できました。

ここ日本も海外から多くの労働力を呼び寄せることが移民かそうでないかをめぐり、国会で論争しています。わたしの泊まるホテルの従業員もほとんど外国人です。

人口一二〇万人の京都は、一一月末のこの時期に紅葉狩りの観光客でにぎわいます。THAADのためにソウルに中国人が来なくなった年から、その数字を日本が吸収しています。

私がしばらく滞在している祇園は、ソウルでいえば明洞ですが、異なる点があるとしたら、明洞にはなくなってしまった歴史がここにはあるということです。にぎやかな祇園にも千年の歴史がそのまま息づいています。

急増した中国人、韓国人だけでなく、金髪の西洋人もたくさん見かけます。彼らは相変わらずここが好きで惚れ込んでいて、がまんしようとしても財布を開いてしまいます。誰もが好きになるこの妙な環境の中を世界の人々が混ざり合って歩いています。

どんな美人、どんなによいことでも厭きてしまうものですが、なぜここはそうならないのだろうか、歩きながらあれこれと考えに考えましたが、どんなに考えてもそれはやはり歴史のせいです。

その深さです。ちょっとくたびれて何でもないように見える家や路地の石灯籠ひとつに、深く沁みこんでいる歴史の綾、その目にみえないものに人は本能的に心が惹かれるようです。私たちが壊し、滅ぼし、新たに作り直してしまうものを、数百年間その不便に耐え、先祖の魂を守りとおしてきた人々が受けて当然の祝福なのかもしれません。

別世界

ここは別世界です。

ソウルには雪がたくさん降ったといいますが、ここ京都は一八度前後です。

京都名物の紅葉がついにやってきました。

ソウルでは市内に紅葉を見に行く気にはならず、遠く雪岳山や内蔵山にまで行きました。都市では木を切らなければ家も建物も建てられません。

しかし、ここ京都は市内の真ん中に古いもみじの木がたくさんあります。寺院や神社、庭園や公園にもたくさんあります。高低の温度差が激しいほど紅葉の色が鮮やかになるといいますが、地球温暖化のため今年もずっと暖かいという程度で、去年にも及ばないとのことですが、その神秘的な眺めは別世界であるかのようです。

四季があることで、その移り変わりが私たちの生に新しさ

をもたらしてくれます。暑さと寒さの間にこのような秋のあることがただ有り難いばかりです。

春に咲きいずる花は長い冬を越えて眺める希望として好ましく、紅葉は一年の終わりを知らせ、人生の秋を思わせるので寂しく侘しいともいいますが、ついにその瞬間が訪れ、その美しさの中に自らも同化して奥ゆかしくも眺めてみると、人生のあらゆる瞬間が思いもかけない神秘さと美しさに彩られていることにあらためて気づかされます。

京都の紅葉はこれまでも何度か見る機会がありましたが、このように長期滞在でなければ見ることのできなかった紅葉にも出会いました。折よく同志社大学の創立記念日があり、週末まで連休なので紅葉をたずね歩きます。

これまで部屋と大学とを往復するばかりで、どの国のどの都市にいるのやらもわからずに過ごしてきましたが、出歩いてみると、さすがに京都であると思わされます。一一月が紅葉の絶頂だとは信じられないことです。

御所、清水寺、高台寺、圓徳院、永観堂、南禅寺、東福寺、泉涌寺、北野天満宮、詩仙堂、金戒光明寺、真如堂、圓光寺、天龍寺等でたくさんの秋を見ましたが、毎年異なる映像(Performing)が繰り広げられる豊臣秀吉の霊廟でもある高台寺の、その静かな池の透明な鏡に映る真っ赤な紅葉を語る言葉が見つかりません。そのすぐ向いにある秀吉の妻寧々の居所で眺める紅葉も別世界の芸術です。

しかし、今度初めて出会った北野天満宮の川沿いの長い紅葉の街路樹、市内の真ん中に位置し天皇陛下もよく来られ短歌を詠んだという青蓮院の部屋から眺める玄妙な秋色の庭園、そして嵐山の宝厳院はまさしく幻想そのものでした。詩仙堂と圓光寺の優雅な紅葉の庭園も言葉や文字では言い尽くせません。

誰ひとりとして、きれいだ、美しいといって嘆声を発することもなく、ただ静かに眺めいるだけでした。私もこの調和を壊すまいと息をひそめて静かに歩きました。

金戒光明寺の果てしなく広がる紅葉

紅葉の木は普通一五〜三〇メートルほどですが、その大きな木を首をそらせて見上げると、真っ青な空を背景に爪ほどの大きさのいくつもの木の葉が赤、朱、黄、黄緑、緑の光となって重なり合い、空から降る星の花のレースとなってあたりを覆います。

紅葉の染まり方にも格があります。孔雀のように舞踏会のドレスのように、大きなスケールで伸び広がる様には長い年輪を重ねて積もった品位と格が確かにあります。

千年以上も昔の六世紀、百済が日本にその庭園を伝えたといい、以前はそれを自慢していましたが、もうそんなことは口にできません。こんなにもさまざまな種を研究・開発し、もっとも適したものの位置と模様、さらに水の流れ、全体造景のデザインまで完璧に、千年の歳月をぶれることなく維持、管理、発展させてきた功の大きさを、誰に教わるまでもなく感じることができるからです。

三日で散ってしまう桜の花より長いとはいえ、散る木の葉がいじらしく、秋の終わり、別世界のようなこの命の調和が落ちて土に帰ってしまう事実が、ただ切ないばかりです。

この偉大な神と人間の合作は写真に収まりもしません。何年か前にカメラをなくしてからはケイタイでぎこちなく撮りながら、胸深くに刻みこむだけです。

あれこれと気苦労の多かった他国での長い一年の終わりに、こんなにも極上の美が隠れて待ちうけていたことは感激でした。いつかこの紅葉の葉一枚一枚の心を細やかに書き記す余裕が生じることを願ってやみません。

ひとり見るにはもったいなく
おいていくには忍びない
星からきた花
おいていくには
ほんとうに忍びない
この世

京都の秋は永観堂

『京都の秋は永観堂、一千年分の賞賛がこの色を育てました。』

京都に秋が訪れると、こうしたさまざまな形態のポスターが張り出される。

このような天上の色は、少なくとも千年の賞賛を聞かなければ出てこないとは、京都の千三百年の歴史を意味するものだろうが、「ローマは一日にしてならず」というように、自然の秋のその色も一年でなるものではなく、長い歳月にわたり賞賛され続けたからこそ、こうした色になったのだという誇りだ。

さすがに誇るだけのことはある。

入り口に近づくと垣根越しに玲瓏とした色が見え、大門の隙間から見える常緑の山を背景にした木々が燦爛と眩しい赤色に染まっており、いつ見ても嗚呼というため息が自然と出る。

八五三年に創建された永観堂の本来の名は禅林寺で、七世住持の永観律師のころに永観堂と呼ばれるようになったというが、秋の紅葉が美しいことで有名だ。また、奥深くに入っていくと本尊にある、七七センチの大きさの麗しい「みかえり阿弥陀如来」でも有名である。数多くの国宝級の仏画、宝物を所蔵しており、覗き見る部屋の襖ごとに描かれている古い絵画や掛け軸や額縁もすべて国宝だ。

それらのうち、私は東山の急な稜線にそって築かれた長い木造の回廊の最も上の方にある法堂に向かってずうっと歩いていく道が好きだ。京都の冬は寒いというが、零下に冷えこむソウルにくらべれば、寒いといっても一二度、一二度なので暖かくすら感じられるのだが、そのせいか各家庭でも暖房はあまりしないので韓国人にはかえって寒く、寺院でもガラス戸が外に通じるように開かれているので、しばらく歩くと足の指が凍えるが、板の間の床を行くとそこここに庭園が見え始め、派手さの中にも上品さのある紅葉を眺め、池の鯉を見下ろしながら、ずっと続く長く曲がりくねった回廊、臥龍廊を楽しむ。

そうすると、回廊の一番奥に、ついにかの有名な「見返り阿弥陀如来像」が現れ、ぎっしりと立ち並んで敬虔なまなざしでそれを見つめている人々が見える

後ろをふりむくという『見返り阿弥陀仏』は、鎌倉時代(一一八五~一三三三)初期の作品で、顔を傾けて振り向いていることから『見返り阿弥陀仏』と呼ばれる。伝説によれば、幼くして才能が卓越していた永観律師が一日一万編の念仏を唱え、六万編を数えるにいたったある日、いつものよう

に阿弥陀如来の周囲を行道していると、須弥壇から阿弥陀如来が降り立ち永観と一緒に行道し始めた。驚いた永観が立ち止まって呆然としていると、阿弥陀如来が左に首を回して優しく「永観遅し」と言い、以来千年間左を振り返った姿のままになったという。苦痛にあえぐ衆生に憐憫の情に溢れた目をそそぎ、見守り続けているまさにその姿だ。

その後千年間、修行や幼稚園等の教育と社会事業を活発に行っている寺院だ。

京都の庭園と寺院をとりまく光景は静的で東洋的だ。しかし、それぞれにストーリーが異なり、季節によってその姿と色が異なるので常に新しい。

京都が秋色に染まると都市のムードが変わる。

アメリカに暮らしてアメリカの秋の風景で有名なところを見たし、カナダやヨーロッパの秋もたくさん見た。そこに住んでいたときはそれが一番だと思っていた。ところが、同じ年に続けて西洋と東洋の二つの国に訪れてみると、手付かずの自然さはどちらにもあるが、洗練さと繊細さ、そのディテールに差がある。

ヨーロッパの聖堂の中の美術と彫刻が私たちを圧倒するよ

うに、日本の寺院建築と庭園も秋や春には見る者を圧倒する。しかし、それが一年に一度だけめぐり来る純粋な自然で、飽きることのない美しさであることが嬉しい。

秋を三人椎の実なげし鯉やいづこ池の朝かぜ手と手つめたき

与謝野晶子

永観堂に訪れた際に詠んだという、有名な女性歌人与謝野晶子の短歌が碑となって立っている。三角関係の哀切な心が窺えて、この秋、見る人の心を物悲しくさせる。

徳川家康の圓光寺

見れば見るほど小さな都市でしかない京都に、なぜこれほど見どころがあるのだろうと思わされる。その中にも特別なものが確かにあって、圓光寺はそのひとつだ。

日本の歴史を知っている人ならば将軍徳川家康(一五四三-一六一六)を知っているだろう。豊臣秀吉に続き乱れていた日本の天下を統一し、江戸で二百六十余年の江戸幕府時代を開いた英雄だ。その彼が京都で修練し青年たちを教えたところが圓光寺であれば、聞いただけでもどきどきする。

東山に私がよくいくうどん屋があるが、ある日入口で行列に並んで待っていると、大きな雑誌の見開きを埋めつくす眩しいばかりの紅葉の写真が目に飛び込んできた。圓光寺だという。この時代の写真技術と過大広告の可能性を差し引いても、と素晴らしかったので、見に行くことにした。

電車を降りると一乗寺だった。比叡山を背にした一乗寺に

は、詩人の作った有名な庭園「詩仙堂」があり、俳句の大家松尾芭蕉が泊まった寺刹があるなど、名もなき名所標識がずらりとある歴史の深い町だ。

千三百年の歴史をもつ圓光寺に入る入口の両脇に立ち並ぶ松の木からして、ここの品位を語っている。松の木に守られるようにして歩いていくつかの階段をのぼると、モダンな枯山水の庭園が広がる。例によって砂の上には古い岩が置かれて宇宙を表象しているが、そこには現代設置美術のように背の高い石が立っており、新鮮な気持ちになる。

庭園に続いて本堂があり、寺の歴史を展示している。その建物こそが青年たちを教えた学問所だ。もともと学問所として始まったここは、七堂を備えた大寺院だったが、何度かの火災で多くは焼失してしまった。

仁王門をくぐると雑誌で見た、まさにあの紅葉の庭園だ。樹齢四百年以上という紅葉の木は、太いその幹がなんと艶々していることか。木のひとつひとつが調和をなした色の葉を勲章のように頭に頂いている。驚くべきその光景は、とてもケータイではとらえきれないことが残念だ。

竹林を映す池をはさんで参道をのぼる。眼下に市内を見おろすことができるが、そこにこじんまりとしたお墓がひとつある。徳川家康の墓だ。風がそよぎ美しい木が まわりを囲んではいるが、素朴なことこの上ない。ソウルから来た知人たちと一緒にここへ来ると、小説『大望』（山岡壮八『徳川家康』の韓国での書名）のイメージにそぐわないせいか、ひと言せざるを得ないようだ。どうしてこんなにみすぼらしいのかと。

枯山水庭園のうち最もモダンな作品に見える

日本では小説だけでなく大河ドラマや映画、演劇の素材として、一大旋風を巻き起こす一流の人物だが、韓国でもベストセラー『大望』を何度も読んだという人はかなりいる。

そこに、日本の「三英傑」を意味する有名な言葉が出てくる。

なかぬなら殺してしまへ時鳥 ― 織田信長

鳴かずともなかして見せふ杜鵑 ― 豊臣秀吉

なかぬなら鳴くまで待よ郭公 ― 徳川家康

忍耐強く待ち続ける徳川家康の品格に日本国民は歓喜した。

彼が死後に遺した遺訓も印象的だ。「人の一生は重荷を負うて遠き道を行くがごとし。急ぐべからず。

不自由を常と思えば不足なし。こころに望みおこらば困窮したる時を思い出すべし。堪忍は無事長久の基、いかりは敵と思え。勝つ事ばかり知りて、負くること知らざれば害その身にいたる。おのれを責めて人をせむるな。及ばざるは過ぎたるよりまされり。」

この東照宮神君御遺訓は日光の東照宮にある。彼の願い通り江戸で葬儀をあげ、一周忌に際して江戸から二時間の距離にある日光に遺骨が移された。

NHK をみると、昔の英雄たちの持病を列挙して、歴史と医学を織り交ぜた『偉人たちの健康診断』という番組がある。何日か前にみると、ちょうど徳川家康の回で、彼は七十三歳で胃癌と梅毒と脚気で死んだという。

岡崎城で生まれた家康は、二歳で母親と別れ、父親ははやくに世を去った。何度も死地をくぐりながら徹底して服従の人生を生き、ついに不遇を乗り越えて一国の英雄豪傑となったその人生を描いた小説や大河ドラマは数え切れない。「忍耐の鬼才」と呼ばれ、国民の尊敬を一身に集めた。

丘の上の将軍徳川家康の質素な墓

天皇から東照大権現という勅謚号を贈られ、京都の圓光寺にその名が書かれた立て札のある墓があるのも事実だ。英雄の墓にしてはみすぼらしいのも、韓国から伝わった仏教の影響のある日本が、質素で節制された謙虚さを尊いものとする国だからと思えば理解できそうだ。

雑誌の写真に魅せられて行くことになったが、そこに佇むと圓光寺と徳川家康との縁、四百年前の英雄と日本の歴史を考えさせられた。

その歴史をすべて見ていたのではないか　四百歳のあの美しく艶やかな木は

龍安寺　秋に染まると

龍安寺は伝説だ。

京都を研究する人は世界中にいるが、彼らが京都のいろいろな名所のうち、一番をどこに指折るかと問えば、しばし悩んだ後に答えるのが「龍安寺」だ。

その名声は西洋先進国にも鳴り響いている。極度に発達した彼らの精神文明に、何か物足りなかったものを日本の精神文明についに見出した。それが目に見える造形として現れたものが龍安寺の石庭であり、その単純な清潔さと極めて霊的な美しさだった。龍安寺の石庭に霊感を得た西洋の思想家、文学者、芸術家、建築家は数えしれない。韓国の大統領と日本の野田佳彦首相(当時)との生半可な歴史論争に終始した首脳会談も、二〇一一年にここで行われた。

龍安寺には人が多い。私は春に一度、かの有名な石庭の長々と続く土塀のすぐ後ろに咲いている大きな枝垂桜を見に行く程度だ。何年か通ったが、いつも何日か早いか遅いかして、満開に咲く姿を

龍安寺が染まると　－　京都

見たことはこれまで一度もない。

龍安寺の偉大さに関する話はあれこれと聞くが、紅葉の話はあまり聞いたことがない。境内が広く木も種類が多いので紅葉もきれいなはずなのに。

二〇一五年のある日、同志社大学の九〇分の学期末試験を終え、重い頭をひきずって龍安寺行きバスに乗った。学校の前には有名寺院行きの直行バスがたくさん出ているが、学期中にはそんな暇はなかった。

枝垂桜のトンネルや松の木、そして楓の木もまだ青い葉を残しているものがあったが、秋の紅葉だからといって全てがきれいというわけでもなく、たとえきれいでも境内にはその他にも見どころがたくさんあるので、それらに見劣りすることもありえた。はたしてどちらの結果になるだろうか。結論は後者だった。それでも、葉が落ちてしまってはいても美しく、試験のために苦労した身にご褒美をもらったようだった。

昨年一二月、そのときのことを思い出しながら龍安寺に到着すると閉門一五分前だった。京都の寺院や庭園は五時に門を閉めるが、四時ごろからもう閉める支度を始める。受付も、大門も閉められ、脇にある門だけが開いていた。

境内を一回りして出ようとすればかなりの時間がかかる。時間もないので見学コースとは逆に左側に出て階段を急いで上がると、大きな鏡容池をはさんで楓の木が長々と続いている。太い木々だ。順路とは逆に歩きながら、夕方、真っ赤な花のように紅葉した葉を天からの恵みのように眺めつつケータイで写真を撮った。境内を回って出てくる中東からのカップルと出くわした。何語で話しているのはかわからないが、その口もとや目つきで、私たちは感激をともにし心を一つにした。中東に対する偏見が仮初にもあったとしたら、それが全部拭い去られた瞬間だ。

卒業後もあれこれとしたことでタイミングを合わせて一年に何度か京都へ通った。飛行時間は釜山へ行くよりも短い感じだ。

それなのに、腰を痛めてしまって外出もできなくなったので、アメリカや京都行きのスケジュールもキャンセルしてしまった。

今頃は京都の紅葉も絶頂を迎えているだろうに、一一月二九日の同志社大学創立者である新島襄の命日には山中のお墓に同級生たちとお参りしなければならないのにと、あれこれ残念に思いながら、昨年の秋に撮った永観堂の写真と文章を最近三ヶ国語で配信した。この気ぜわしい世の中にそれを喜んでくれる方もいる。池の水面に映える龍安寺の燃えるような紅葉のことが思い出された。

龍安寺が秋に染まると、静けさと霊性がさらに深みをます。

撮った写真がもったいなくて、この前、龍安寺の文を書いておいたんだけど、いくら探してもその

出口　-　京都 龍安寺

文が見当たらない。消えた。

最も嘆かわしい瞬間だ。

感激が消える直前に書いたものだが、その時に受けたインスピレーションは何だったのだろうか。腰を痛めながら昨年の今頃、龍安寺が燃えるように染まっていた、静かに華麗なその場面をもう一度思い浮かべる。

美しさの深さを見抜いた中東カップルの姿も見られる。

太い木の中で蠢いていた
太い生命が
その深い霊が
龍安寺 秋に染まると

北野天満宮の小川

「李承信とゆく京都の旅情」と謳ってロッテデパート主催で紅葉が絶頂の京都へ行ったとき、私が選んだ一二ヶ所を見てまわったのだが、参加者の中には北野天満宮を一位に選ぶ方も何人かいた。

同行したガイドは今まで知らなかったところだと言った。ガイド歴二八年のベテランだが、私が選んだところはほとんど知らなかった。今は理解できる。例えば、慶州で見るものといえば何をさておいても佛國寺となるだろう。しかし、実際には見たことがなくても見たような気がするありふれたところよりも、もっと魅力的なところが隠れているものだ。

何年か前、ねねの道にある宿に泊まっていたとき、近くの書店の女主人が高台寺に行ってみなさいと入場券をくれたことがある。その女店主は、相当な長距離をタクシーに乗せて延暦寺にも連れて行って見せてくれたが、紅葉を見るなら北野天満宮に行きなさいと言った。

市の西北でそれほど遠い距離ではなかったので、大きな期待もせずに訪ねた。かなり長い入口を通って入ると、左側に短歌とそれをつくった天皇の顔を描いた額が並べられており、その向いにひときわ金色に輝く本殿が見えた。

紅葉狩りの季節で、そこから入場券を買って左側から入ると、きれいに染まった背の高い紅葉の木が見えた。それからは自然にだんだんと下り道となり、下りきると細い流れがあり、その両岸に川に向かって伸びた紅葉が街路樹のように長く続くロマンチックな道に出会う。さらに下へ下へと続く流れに沿って歩くその道は、入口からは全く想像できなかったもので、誰もがその道を歩けば映画の中の主人公になったような気持ちになる。

そこに秘められた歴史を全く知らずに、風景からまず見ることになったが、樹齢四〇〇年以上という案内文があり、ところどころに豊臣秀吉が造ったという土塁がきれいに並んでいる。美しく壮大な設置美術のようだ。

後ほど歴史を紐解いてみると、北野天満宮の始まりは九四七年にまで遡り、千年以上も昔に建てられたもので、菅原

道真をご祭神とすることから学問の神として信仰され、受験生やその父母たちが志望学校をお札に書いて祈るところでもある。

五歳にして短歌をつくり、一一歳にして漢詩をつくったという平安時代の代表的学者にして政治家だった菅原道真は、日本の歴史上人間として初めて神格化された人物で、全国各地に菅原道真をまつる神社が約一万二〇〇〇社もあるという。北野天満宮はその発祥地にして総本山でもある。

千年を越える歴史をもつだけに、これまで皇室をはじめ朝廷、武家、商人たちから奉納されたたくさんの宝物が今も保存されているが、なかでも北野天神縁起絵巻は、数多い絵巻の中でも特別であり国宝とされ、他にも古文書、図鑑、蒔絵、屏風のような美術史的にも価値の高い芸術品が多数集められている。

火災により焼失された本殿は、一六〇七年に豊臣秀吉により光り輝く装飾彫刻と華麗な色彩、豪壮・華麗な桃山時代特有のデザインで建て直され、やはり国宝になっている。

三五〇本もの紅葉が川の流れに沿って広がるここには、日本を天下統一した豊臣秀吉が首都京都の中心を囲むように積み上げた御土居という土塁が残されており、国家史跡となって歴史と自然が一帯となった日本人の情緒を垣間見せている。ソウルでいえば四大門の中に土城を築くようなものだ。

紅葉の印象が深かった北野天満宮だが、二〇一五年末から通った同志社大学の「万葉集」をはじめとする古代文学の授業で、山村教授が「今日は一二月二四日クリスマス・イブですが、クリスチャン大学であるにもかかわらず休みではありません。明日二五日には北野天満宮で市が立つのでぜひ行ってみてください」と言うので、翌日訪ねてみると、境内や参道に食品、雑貨、古文書、茶道具、工芸品、家具などの露店がたち、参拝者で賑わっていた。菅原道真の誕生日(六月二五日)と薨去(二月二五日)が二五日であることに因み、毎月二五日は縁日として市が立ち、特に一二月二五日のそれは『終い天神』と呼ばれ親しまれているという。

ところでどうしたことか、一二月二五日だというのに、あちこちにピンク、白、赤色の梅の花が咲いている。梅は桜よりもちょっと早い二月ごろに咲くもののはずだが、これも温暖化のせいだろうか。梅といえば毎年二月二五日に日本全国に生中継される梅花祭が有名なことを思い出し、近くにいた人にあれはどこでやるのかと聞くと、北野天満宮だという。まさにここが全国屈指の梅の名所であることをそのとき初めて知り驚いた。

普段は閉じられたままの梅苑はその時期にだけ公開される。クリスマスに咲いたきれいな梅花の一部を見ただけで、まだその梅花際を見たことはないが、八〇〇本もの梅がおもいおもいの色で咲くその眺めはさぞや壮観であり、その香りだけでも大地を揺るがすだろう。梅花祭の日には京都の有名な藝舞妓が参拝客たちに抹茶とお菓子を直接ふるまうのだという。ほとんどの観光施設では、コースの終盤にお茶とお菓子を楽しめる空間が自然と配置されていて、しばし休んでいくことになる。四〇〇年前に川の両岸にぎっしりと積み上げられた苔むした土塁と、流れにそって立ち並ぶ夢のような紅葉を味わいながら楽しみ、お茶とお餅に心が満たされる。

そのせいか、韓国の紅葉が散った後、一一月末ごろに京都へ行くと足は自然と北野天満宮へ向かう。

時まさに紅葉の絶頂だ。それに一月二月の梅花の魅力までが加わるとしたら、もう言葉を呑むしかない。

御所の秋

京都は千百年間日本の首都だった。

京都御所は一八六九年に東京に首都が移されるまでの五三八年間、天皇の住む王宮だった。

一六五三年の火災を最初として、七度も建物が全焼したが、絶え間なく修理がなされ、現在の建物は一八五五年になってようやく完成したものだという。広大な御所は、昔の面影が偲ばれるさまざまな建物でいっぱいだ。歴代天皇の即位式がここで営まれ、今も重要な儀礼行事はここで行われる。

御所は二十四時間無料開放されているが、天皇が日常生活を営む清涼殿や仙洞御所は一般観覧できないので、宮内庁に申請し許可を得なければならない。

私が御所に初めて訪れたのは、もう何年か前のことだ。京都に行くときには、最も京都らしい道といわれるねねの道に位置する小さな旅館を利用してきたが、何年か前から部屋をとるのが難しくなったため、代わりに選んだホテルが御所のすぐ向かいに

あり、自然とそこを散策するようになった。

そうするうち、散策の足が御所の北門の道向かいにある同志社大学にまで伸び、気づけば、その美しいキャンパスの大学に留学することになった。

今度ソウルからともに京都を訪れたツアー参加者十名が三日間紅葉を見学して帰国した後も、私は何日か京都に残った。

市内の宿泊所を出て道を渡ると、御所公園の南門にすぐ出る。御所公園は御所の一部で、宮廷のある御所にまでつながっている。足が自然とひきこまれ、庭園のように広い公園と御所を歩き、通っていた同志社大学も毎日訪れた。バスでなら停留所いくつか分の長距離だ。見ごろの紅葉も多いときなのに、来る朝ごとに走って行った学校に、癖であるかのように足が向いてしまう。

同志社に通っていたころは、時間不足で学校の真向かいにもかかわらず御所に入ることはなく、塀越しに突き出た大きな木を眺めながら、その長い塀に沿って歩いて部屋まで帰った。

久しぶりに御所の中を歩きながらじっくりと見ると、さすがに数百年の王宮らしく木はすべて見目美しく、気品がある。汚染されていない楓や銀杏の紅葉が鮮明だ。有名な寺刹がそうであるように、宮殿も楓や桜、松の木が主なものだが、真っ赤な紅葉の葉が緑の松を背景に、その色を際立って美しく見せている。

特別な意味のある木や長寿の木には、それを説明するパネルがある。

いつだったか、今上の明人天皇がお誕生日の記者会見にて、「桓武天皇の母が百済から来た方なので、韓国との縁を特別に思う」と語られたことがあるが、私たちの祖先がここに渡ってきて、天皇家の祖となったその歴史を、空がことのほか青い日にゆっくりと歩きながら考えてみる。ソウルの自宅前の景福宮でもよく歩きながら木を眺めるが、ここ京都御所の木を眺めながら、動物のように動くことができない木がそれぞれの場所でこうして数百年間も生きてきた歴史と、彼らが見つめてきた人間の歴史を考えさせられる。

人影はまばらだが、大きな木の色とりどりの紅葉が滝のように私にふりかかり、右側に見える森は奥深くまでかわいらしい枝と葉が地面に垂れ下がり風に揺れている。何かの黄色い実と柿が枝にぶらさがっている。あるところには小さな本置き場があり何冊かの本が差し込まれている。誰でも自由に見て置いていってほしいという暗黙の表現が微笑みを誘う。

またあるところには、子供たちの遊び場があり、ブランコと滑り台がありもする。千年を越え、歴代の王たちがこの庭を歩いては逝ったが、天を衝くように堂々とした木よりも短く生きては逝く人生の無常さ、権力の虚妄を思い浮かばせる古色蒼然とした宮廷と燦爛と散り落ちる葉を、今日私が残って眺めている。

王の宮廷
王の庭園
青い空
真っ赤な紅葉
そして

今日

皆が残していったものを
私が残って眺める

年賀状

年賀状

また一年が暮れようとしている。年末に書いてはおくっていた年賀状のことを思い出す。

年賀状とはこれまた旧時代の遺物のような響きだ。私も以前は手書きで年賀状を近しい人にかなりたくさん出してきた方だと思うが、世の中はデジタルになった。

それが、鳩居堂のおかげで再び年末の年賀状くらいは書いてみようという気になった。

最近京都で勉強する機会もあり、その後もときどき足を運んでいる私としては、初めての客のようにあれこれと買い込むことはない。

ところで、二十歳のころに、東京の銀座の中心街にある当時名前も知らなかった書画用品店に入り、カードや年賀はがきや筆記具がすてきで買った記憶がある。その後も東京に行くと、その一〇階建ての建物の各階に陳列されたさま

ざまな書画用品たち、特にカードや年賀はがき、便箋などを見るのが楽しみだった。それが鳩居堂だった。専門店が目に止まり通い始めた。私がこの店に初めて接したのは東京の鳩居堂だったが、聞けば一六六三年創業の京都が本店だという。日本の由緒ある商店や会社は古都京都に本店や本社があり、東京に支店や支社をおいているところがかなりある。首都として一一〇〇年の歴史を誇る京都とやっと一五〇余年の東京の違いということだ。

「日本の伝統文化を守り養成すること」を基本理念とするという言葉を聞いてみると、三五〇年に渡りその伝統を後世に伝えようとする価値ある商品と思われ、一層目が引きつけられる。

名前からして『鳩居堂』、鳩の住む家だ。昔から鳩といえば平和のメッセージを口にくわえて伝える平和の象徴ではなかったろうか。年賀はがきや便箋を扱う書画用品の専門店にはもってこいの素晴らしい商号だ。

京都市内の寺町商店街の中の、有名な寺院である本能寺のすぐ横にある鳩居堂に足を踏み入れると、紙と墨の香りに包まれる。カード、年賀はがき、カレンダーなどが季節ごとに新しいデザイン

で並べられるが、一様に高級感がある。日本のものはみなそうだが、見ただけで日本の香りがするものがある。一五〇年前に西洋文明を学んだ日本人。西洋的なモダンなものもあるが、ほとんどはそこに日本ならではの独特な味を加えている。

筆ひとつをとってみても数多くの種類があり、硯石、墨、硯滴、香に書道用具、水墨画にもさまざまな文様とおもしろいデザインがある。

秋に訪れると、すでに年末用の年賀はがきが出始めており、来年の干支にあたる動物の絵があしらわれている。短い詩の一行でも書いておくろうと、年賀はがきと便箋を買い求めたりもする。きれいに包装されたものを抱えて店を出ると、満ち足りた気分になる。

幼いころ、学校からの帰り道にアメリカからきたものだといって道端にしきつめられたクリスマスカードを見物したりもした。しかし今、年末年始にときどき舞い込んでくるカードを見ると、心暖かい一言もなく、会社印が押された無味乾燥なものばかりだ。かわいいデザインがないせいか、費用節約のせいか、個人的なものはいまやインターネットデザインの役割になった。乾いた人生だ。

しかし、たくさんの分野の伝統を守ってきた日本では、東京であれ京都であれ、書画用品の老舗専門店鳩居堂をのぞくと、手書きの手紙など見れなくなった時代にもかかわらず人でいっぱいだ。強要されたわけでもないのに買わずにはいられず、買った人々はそこに暖かな心を伝える言葉を、相手のことを思いながら書きしたためておくるのだろう。三五〇年守り続けられてきた鳩居堂に、世の中も少しは潤うだろう。

電子メール　メッセージの時代
筆先で伝えたい　この心
年賀状に

京都で購入した硯滴

ギャラリーガーデン 何必館

京都の繁華街、祇園の大通りは二キロほど続くが、その両脇をたくさんの人々が往来する。特色があり、興味深い店ばかりが並んでおり、初めて訪れる人には時間の経つのも忘れさせる長い長い道だ。

その道にお似合いとはいえないが、私のように美術館とギャラリーが好きなものの目をひくところが一箇所ある。たくさんの店の間で、狭い入口の窓に写真をはりつけ展示している。その名は何必館。名前もそうだが、個人ギャラリーに千円(一一〇〇〇ウォン)の入場料をとるのもおかしく、入ってみるとこじんまりした空間で、まずエレベーターで五階まで上がり、そこから下りてくるという見せ方も特異だった。

五階に上がると新鮮な光景が広がった。一面を占める二三坪余りの庭園が目にさわやかだ。厚い芝生に二つの黒い石が嵌めこまれており、すらりとした楓の木が丸く穿たれた

ガラス天井にのび、陽を浴びて立っている。

展示写真を見たが、有名な広告で見た世界的な作品のオリジナル写真作品は、ここの所蔵であるという。

以来、祇園の大通りを歩き疲れて休みたくなると、千円を出してそのギャラリーガーデンに立ち寄り、ベンチに座ってあの庭園をじっと眺めるようになった。建物の由来も知ろうともせずに、緑色の芝生と木を眺め続けた。

そうするうちに、その建物の真価を本格的に知ることになる日がついに訪れた。

ある日、その建物の前を通ると日本の近代三大画家の展示ポスターが貼られていた。椿の花びらを描いた大きな陶磁器に見覚えがあり、入ってみた。陶磁器の作家は北大路魯山人だ。

遠い西洋の印象派の画家たちが好きで、昔勉強したことがあるが、お隣の国の画家についてはよく知らなかった。壁に貼られた説明をみると、昭和時代に活躍した画家たちだ。数多くの詩文を残した画家山口薫(一九〇七〜一九六八)の一行詩が絵とともにかけられている。「詩魂の画家」。美術批評でそう呼ばれていた。

その評論もとても優れた文章だが、それを書いたのが美術評論家にして随筆家であり、芸術品蒐集家としても有名な「梶川芳友」、この人こそ何必館を建てた人物だ。

ギャラリーとばかり思っていた空間は、有名な「京都現代美術館」だった。日本美術を代表する村上華岳、山口薫、北大路魯山人という近代画家たちの作品を中心に近現代の絵画、陶芸、本、写真を幅広く所蔵しており、一九八一年の祇園での開館以来、世界の作品を企画・研究・展示している。

何必館が志向する理念は、既成の絵画の枠を越えた自由な魂をもった画家、村上華岳の精神と通じている。村上は近代日本美術を代表する画家だ。美しさを内包した彼の描線には彼の感性と無限な精神力がうかがえる。「絵画の制作は密室での祈り」だという。

何必館、京都現代美術館を建てた梶川芳友が、彼の膨大なコレクションの中心となる三人の画家を描写した評のうち、北大路魯山人に言及したものが印象的なのでここに引用する。

私の好きな言葉に「坐辺師友」というのがある。

魯山人の世界を見事にとらえた言葉である。自分の周辺の生活空間、自分の身辺にあるものこそが、おのれの師であり友である、という意である。

魯山人自身、自らの眼を鍛えるために、優れた美術品を常に身辺に置き、使いこなすことで、先人の工夫を必死に学んでいたのである。

魯山人にとっては、自由にその心を学びとることが、最上の芸術修行の方法であったのだろう。日常の暮らしの中で何を身辺に置くかが、生活観を確立するうえで、非常に重要な要素となる。優れたものに囲まれ生活していると、自ずとその心を学びとることができる。言い換えれば、身の周りの環境によって人はつくられる、ということなのである。

魯山人の器には、日常生活で無造作に、人の心の中に食い入ってくる不思議な力がある。「つばき

鉢」は魯山人の陶芸作品のうち最も大きな作品で直径が四〇cmにもなり、えもいわれぬ気品がある作品として評価されている。

本来「美」というものは、ただ観念としてではなく生活の中で具体化されてこそ意味がある。普段の生活の中で「使いこなす」ことでより生き生きとした美しさを見せるのである。

魯山人の人間を判断する時の基準は、美に対する眼識の有無にあった。それは魯山人の絶対的な価値観であり、その思想は生涯貫かれていた。

「この世の中を少しでも美しくしていきたい。私の仕事はそのささやかな表れである」魯山人の言葉である。

魯山人は生涯を賭けて、高い眼識を持った人間との出会いを求めつづけていたのである。

魯山人の毒ともいえる強烈な批評精神、それは現代の創造が、単に行儀のよい優等生に堕した根源を指摘し、力強い生命を取り戻す鍵となるのではないだろうか。

人は定説にしばられる。それでは自由を失ってしまう。「何」はどうして、なぜというときの何、「必」はかならず、きっと、という意味。学問でも、芸術でも、どうして定説だけを押し頂いていられようか。定説を「何ぞ、必ずしも」と疑う自由な精神を持ち続けたいという願いから何必館と名づけたのだそうだ。

美への貢献、そのためにつけられた名前だろう。美術と緑の庭園の一本の楓の木、茶室まで備わった「日本らしさ」を通した美、その美を梶川芳友の建てたささやかながら品位のある京都の何必館に見る。

川端康成の柊家

日本全国に数ある旅館のトップスリーに数えられもするが、私のみたところではトップ中のトップだ。

旅館はふつう古い日本家屋で多くても七、八部屋程度だが、ここは二八部屋もある大規模な旅館だ。柊という名は柊が昔から悪霊を払い幸運を呼び寄せると言われていることに由来する。

一八一八年に立てられた江戸時代からの家屋で、伝統と気品、そして親切さが一級だが、日本に初めてのノーベル文学賞をもたらした川端康成が、自身の利用する旅館のうち最も愛する旅館として有名だ。

何年か前、突然の母の死からふいに正気にもどったとき、東京から電車に乗って訪ねたのは北の越後湯沢だった。「国境の長いトンネルを抜けると雪国であった。夜の底が白くなった」代表作『雪国』はこうして始まる。そこにも川端が利用した旅館があるというので泊まってみたが、柊家はまるで格が違う。

京都市内の中央に位置し、長々とした土塀からして江戸時代の郷愁をかきたてる。その入口にも入口を入ってからも歴史の格に一分のすきもない。予約なしには入れない場所もあるが、うわさを聞いて訪ねてきたと名刺を差し出すと、川端康成がよく利用して原稿を書いたという一六号室に案内してくれた。

広々とした和室で、優雅な床の間と座卓があり、両側の窓からは青々とした庭園が見えた。一国の崇敬をあつめる作家が愛し、実際に座ってものを書いた部屋だとは、同じもの書きとして胸が一杯になった。

川端康成は京都と大阪の境あたりで生まれ、幼くしてあらゆる不幸な目に遭ったようだ。生まれて間もなく父母を失い祖父の手で育てられたが、その祖父もすぐに死んでしまい、その後を姉が追いと、親族が連続して死んでしまった。評論家たちはそんな悲惨な環境からどうやってあんなに水準の高い眼識と発想を得るようになったのかを研究しているという。

そうした眼識を充たしてくれたもののひとつが柊家だろう。実際そこには明治時代の王族や文人たちが訪れ、今も世界的な名士や文人、芸術家、指揮者や映画監督といった人々が利用している。川端康成の推薦で登壇した『金閣寺』で名声の高い小説家の三島由紀夫もよく利用したところだ。

部屋を見て、そこで書きものをしたかったので、聞いてみると予約は一年後になるという。とにかく予約してみた。大学の日程が想像以上に忙しかったが、ある日柊家から電話がきて、来週はどうかという。カレンダーに赤丸をつけた。そうかもうその日が来たのか。しかし、そのときはちょうど学期末試験でもあり、学生の分際であんな高い旅館に泊まるのも何なので次の機会にまわすことにした。

卒業後に韓国に帰国した翌月、柊家に泊まる機会がふってわいた。赤十字総裁を務めたMCM会長の招請で参加することになった東京の世界女性サミットGSWの一環で、京都に行くことになったのだ。

MCMは東京銀座の中心地に旗艦店を構えるがMCM会長は京都には行ったことがなく、ニューヨークタイ

文人が苦心惨憺して文をひねり出した卓上

ムズに「京都で必ず行くべきところ一位」に柊家とあるのをみて、その場で予約したという。

行くべきところには行くようになっているらしい。腰を深くかがめて何度もお辞儀する仲居さんが私たち二人を部屋に案内し、濃い緑色の抹茶を入れてくれる。外から帰ってくるたびにお茶のもてなしだ。明治時代のひっそりとした雰囲気の中でお茶を飲み、二人用の杉の木の浴槽に湯をはった家族風呂につかり、食事をとった後、敷かれた布団に横になると、遅くまで話に花が咲く。三日が過ぎるまで細部のディテールにこだわった私たちの部屋にテレビがないことに気づかなかった。もちろん部屋の雰囲気を壊さないためのことだろうが、テレビがないことを気にする暇もなかった。

都心に位置しているのに、その中はまるで奥深い山のような静かな平安がある。荷造りして部屋

川端康成の部屋で　キム・ソンジュ会長

を出ると、六代目の女将西村明美氏と九三歳の先代女将、そして娘の三代がお辞儀をし、二百年の歴史の品位を垣間見せる。また来たくなるようにお客様に最善をつくしておもてなしするのがこの旅館のモットーであるなら、それは十分に成功している。眼識の高い川端康成と三島由紀夫、日本を代表する二人の大文豪がここを贔屓にしていたことからも、それがわかる。

老舗旅館柊家は単なる宿泊施設ではない。日本の伝統に触れ、高級ブランドの絶頂に接することができることこそがその本領だ。

いつだったか、ＭＣＭで毎年一度一週間柊家に泊まるアメリカの有名な学者のドキュメンタリーをみた。彼は一年ごとに享受する柊家での滞在は、彼にとって最大のヒーリング、贈り物であると語っていた。

私もまた行きたくなってきた。

懐かしい日本の静けさを切ないほどに思い出したところは…　柊家だった

川端康成

とらやの羊羹

孫戸妍プロジェクトと母が生涯をかけて献身してきた日韓関係の仕事を政府と学会がしてくれることを願っていたが、母の急逝によりやむをえず私がそのバトンを引き継ぐこととなった。そこでことあるごとに嘆きたくなることがひとつある。

日本の帝国主義時代に日本の大学、大学院を卒業した両親が、幼い私になぜ英語だけでなく日本語も勉強しなさいと言わなかったのだろう。ソウルの大学を卒業した後、留学してアメリカに長く暮らした私にとって、日本語は必ずしも必要なものではなかった。

弁理士会会長だった父の日本の同級生や顧客たちが家に来ると、日本語で会話をするのを耳にしたが特に関心もなく、食後に父が「娘が歌をうたいます」といえば、幼い私はいわれるままにギターで弾き語りをした。

平壌師範の卒業者は学校で二年間教えなければならないという債務があったので、満州で棒ネクタ

イを結んで音楽を教えていた父は、日常生活の中でも歌やピアノが上手だったが、余興は私の役目だった。

大人になって考えれば考えるほど、あのとき日本語を学んでいたらすぐに熟達して今の仕事にも役立ったのにと思う。

しかし、今にして思えば、今もしっかり記憶している当時の韓国人がよく口にしていたいくつかの単語は日本語だった。タライ、オデン、ヨウカン…そうだ、そこには確かにヨウカンもあった。身の回りで聞いたそれらの言葉は、テヤ(대야、たらいの韓国語)、オムク(어묵、おでんの韓国語)、ヤンゲン(양갱、羊羹の韓国語)よりも私には耳慣れたものだ。

初めて東京で泊まったホテルに羊羹が展示されていて、白い布に太い筆書きの「とらや」という文字と赤い印判が押されており、目についた。父は東京出張の折りによく買ってきた。

後で知ったことだが、とらやは帝国ホテルだけでなく、銀座、六本木ヒルズ、ミッドタウンなどの最高級商業施設にのみ入っていた。一五二〇年に京都で始まったとらやは、一八六九年の東京遷都にともない東京に移り、過去五〇〇年間、皇室に羊羹や生菓子を納めてきた有名な老舗だ。

京都で勉強していたとき、同志社大学の近所、古の王宮である御所の向いにある横長のとらや京都一条店の前を通り過ぎながら、東京のとらやを懐かしんだものだった。そのときは京都が創業の地だとは知らなかった。

皇室との取引による売上などたかが知れたものだろうが、それにより認識される「最最高級」ブランドとしての価値ははかり知れないものがあるだろう。とらやといえば皇室を思い出すはずだからだ。

売上も売上だが、とらやがその高級イメージを維持するための努力もまたすごい。一九八〇年にはパリ店をオープンさせ、TORAYA CAFÉ では餡や寒天などの東洋的素材を、アイスクリームやプリンのような西洋的なものと調和させた製品を開発した。こうした歴史も同業種においては初めてのことで、それだけでもすごいことだが、展示されている「虎屋文庫」をみて驚いた。伝統菓子と関連のある書籍や資料が集められている。

伝統とは革新の連続だ

老舗企業がよく引用するこの素晴らしいモットーを最初に作り出したのも一七代目を数えるとらやだ。

皇室の話が出たので、初めてする話をそっとしてみよう。

二〇一一年三月、東日本を巨大な津波が襲い、連日のすさまじい人命被害を見て母のことを思った。日本人が愛した歌人である母が、力のこもった一行の短歌でこの状況を慰めるなら、きっと励ましになるはずなのに、もっと心が近づくだろうにと。すると日本からの電話で誰かが「李先生がやってみては」というのだった。しかし、それが不可能なことはわかっていたので笑ってごまかすしかなかった。

ところが、ニュースは一、二度で終わらず、連日連夜やむことがなく、われ知らず一つ二つと書き留めた短詩が気がつくと何日かの間に二五〇首にもなっていた。朝日新聞や産経新聞に親子詩人の紹介とともに、そのうちの八首が引用されると、新聞社には残りの短詩もみたいという電話が連日きたという。

ほんとうに困難な作業だったが、そのようにしてソウルと東京で短歌と現代詩の二つの形態で二冊の本を出したところ、二〇一二年、然るべき経路をたどりたどってこの本が天皇陛下の手にも渡ったという知らせを日本大使と日本文化院長とから聞いた。随時天皇に拝する宮内庁の最高位職の手から天皇陛下に渡されたらしいと、極めて注意深くそう教えてくれた。三年ほど静かにしていれば、後々人々の知るところとなるだろうとも。

天皇陛下は羊羹だけでなく洋服などさまざまなものに御用達があり、贈り物も届けられるだろうが、本は受け取らないという。詩に関心が深く本を愛する平成天皇皇后両陛下は、出版物があまりに多いので、読みたい本は自ら買って読まれると聞いた。

皇室とは、一九九八年母が皇室の「歌会始め」に短歌名人として招請されたとき、母とともに宮廷内に入ったという小さな縁がある。何よりもすさまじい津波で何万人という人々が一度に死んでしまった悲しみにくれる日本に、隣国である韓国の真摯な心を伝えたいと願った心が、日本国民の代表である天皇陛下に届いたことに張り合いを感じた。

東日本大震災の当時、アメリカが最もたくさんの寄付金を出し、二番目はフランスだったが、こうした暖かい心を表現してくれた韓国の方がよりありがたいと言ってくれた日本人もいた。文学を愛する国民らしい言葉だ。

「三重苦の大惨事にあえぐ日本に、礼と品位を尽くして慰労する者が韓国から出ないものかと気にやんでいたやさきに、我らが李承信詩人がその役を成し遂げてくれた」たくさんの方々からいただいた反応のうち、チェ・ジョンホ先生からの手紙の一節だ。

日韓関係の現状を考えると暗澹とした気持ちになるが、あのときのことを思えば、隣国との関係はまたよくなるはずだという信念が私にはある。

とらやはそのイメージ管理に加え収益創出もものすごいが、そのような収益は出せないとしても、葛藤なしに互いに手をとり合って進んでいくことができればという一途な思いを今も抱き続けている。

翠嵐 嵐山

三、四年前まではよかった。それまでは京都には外国人観光客と日本人とが適度に入り混じっていた。どんな名所でも静か過ぎれば寂しいし、かといって見渡す限り人ばかりというのも問題だ。

いつごろからか、日本に中国人たちが溢れ始めた。京都や東京なら有名な都市なので理解もできるが、辺鄙な田舎の山奥でまで中国人を見かけることができ驚かされる。韓国人も来るが、韓国の旅行社のコースは京都が半日か一日だ。京都は京都だけのスケジュールで来なければならない。それだけ見るべきものが多く、考えるべきことも多いからだ。

京都市内はソウルのような大都市に比べればとても小さく、市内のどこへもすぐに行けるが、嵐山は市内の中心からバスで二五~三〇分。京都にしては結構な距離だ。

嵐山の前には桂川が流れ、そこには渡月橋がかけられている。「月が渡る橋」という意味だ。実際、その上に月がかかるとまるで川を横切って月がその橋をそろそろと渡っていくように見えるので、よく似合う詩的な名前だ。この橋を渡ると、人の名ももちろんだが、都市や橋も命名が重要だと思わされる。

風光明媚で昔は貴族の別荘があった鄙だが、その一帯の道に最近すさまじい人波が押し寄せている。人波にもまれて目の前の川と山をじっくりと眺める暇もなく、あれよあれよとしている間に、四時にもなると薄暗くなってしまう。いわゆるガイドブックに載っている世界遺産の天龍寺や竹林の道もやはり人に押されて歩き、名物の豆腐料理でもちょっと食べれば一日が終わってしまうだろう。

巨刹の天龍寺は四月初めの枝垂桜と梅花が絶品であり、紅葉の季節だけ開放されるすぐ隣の宝のような庭園の寶嚴院の紅葉は数ある京都の紅葉の中でも最高のもので、これについては既に書いたこともあり、映像も撮り、今年出た私の著書『なぜ京都なのか』の中でも詳しく触れている。

私のように嵐山を既に何度か訪れたことのあるものは、薄暗くなる四時ごろに来ては、人気の少なくなった桂川の川辺を歩きながら、多くの見どころの中から二ヶ所ほどに立ち寄る。

そのひとつが翠嵐だ。桂川に面して上品な庭園のある高級レストランがいくつか立ち並んでいる道を川沿いに最後までずっと歩いていくと、翠嵐 Suiran Kyoto という優雅な入口の看板があらわれ、「A Luxury Collection Hotel」と書かれている。世界的なホテル雑誌に「最も展望のよい

Top View」として選ばれているところだ。一泊三千ドル。建てられてから間もないウェスタンスタイルのホテルだ。しかし日本ではウェスタンといっても日本ならではの独特さが加味されることになる。

初めて訪れたとき、入口の制服を着たドアマンが予約がないといって入れてくれなかったので、左側の離れにあるカフェでコーヒーでもと思ったが、そこも予約がなければだめだといわれ、あきれて踵を返した。代わりに裏手に回ってちょっとした上り坂をのぼり中国人たちが必ず訪れるという周恩来の詩碑を見た。

二度目は顔見知りなので、なんとか説き伏せてカフェに入ることができた。さすがに「Best View」に選ばれるだけのことはある。目と鼻の先にながめる紫色の照明でライトアップされた四時半の嵐山の光景は最高で、私の足元にはちょうどよい幅の川が緩やかに流れている。三面の窓からはカフェと川の間にある優雅な太い松の木を嵐山とともに楽しむことができる。右側の庭園をはさんで建つホテルの客室からの最高の眺めは、まさにこれだろう。

三面の窓からの眺めや川に面した椅子からの眺め、昼であれ薄暗い夕方であれ、そのどれをとっても常に感嘆させられる。アメリカのニューヨーク、マサチューセッツ、ワシントンの景観をひと月ほど見てきた直後だというのに。
優雅なコーヒーカップに注がれる一杯のコーヒーの値段は普通のそれの二。五倍もするが、三千ドルなら安いものとでもいいたげに手をとり合ってホテルの方に向かう若い中国人カップルもいるので、コーヒーの値段に文句をつけるわけにもいかない。しかもこちらは予約しなければ入れないカフェに予約もなしに入れてもらっているのだから。
世界には食べ物や水がなく餓死寸前という人々もいるが、お金があり余っている部類もいて、そうした人々のためにとびきりの景観にこうした施設が作られていることは感謝すべきた。お茶一杯でこんな高級な雰囲気に接することができるのもよいことだ。
しかし、五時に閉店となるそのカフェを出た私は、入口の大門の少し前にある苔の上に掛け渡された、ともすると見落としがちな細い竹細工の仕切りにより深い感動を味わった。あるかなきかのように丸く掛け渡されたわずか何センチかの高さの仕切りで、そのまま行過ぎてしまう人の方が多いだろう。紅葉を照らし出す神秘な照明に目を奪われ、入ってくるときに足元までは目がまわらなかった。

ソウルで生まれ育ち、市庁の職員を少し知っているので、ヒールがはさまる歩道のブロック、美とは程遠いステンレススチールの太い手すり、ごついセメントの衝立等、ソウルを歩いて感じた不満を機会があるたびに口にする。「こんなふうに目立つようにせずに、見えるようで見えない、飾っていないようで飾っているのがよいのに」と言うと、それにはたくさんの費用がかかるという。「お金の問題じゃなくて見る目の問題、眼識の問題で、創造された自然にあくまでも謙遜に人間の手をそっとそえるだけのことなので、むしろお金などそんなにかかりません」と何度も話した。

この高価な最高級ホテルは莫大なお金をかけて作られたと考えることもできるが、そっと掛け渡されたこの小さなどうということもない竹の仕切りを見ると、日本人の精密なディテール表現を改めて感じさせられる。

嵐山の橋をわいわいがやがやと列をなして渡る人々に、陽が沈んだ夕方、この片隅の細やかさが目につくはずもない。しかし、彼らにも見えればいいのにと思う。

すっかり暗くなった五時、翠嵐の神秘を後にしながらそんなことを考えた。

そのすぐそばにはかなり大きな「短歌文学館」が慎ましやかに建っていた。

はないかだ　花筏

嵐山に行くと必ず訪れるところがもうひとつある。「花筏」という温泉旅館だ。「筏」という言葉が昔の言葉のせいなのか、高尚な語彙のせいなのかはわからないが、日本人に「筏」という言葉を使うと、ああといって微笑む。

日本は火山の多い島国なので温泉がたくさんあり、日本式宿泊施設である旅館には、宿泊客だけが利用できる温泉があるが、なかには外部からの入浴も可能なところがあり「日帰り温泉」と呼ばれている。宿泊はせず温泉だけを楽しんで帰るという意味だ。

私たちの観念では、ホテルは高級で高く、旅館はそれより安くて廃れているところというイメージであり、誰かが「ちょっと適当な旅館を予約して」といえば、それは「どこか安いところを頼むよ」という意味のはずだ。しかし、日本の旅館はホテル以上のイメージで価格も高い。日本伝統の畳部屋に着物をきた仲居さんが朝夕には布団の上げ下げをしてくれ、何よりも一人一人を手厚く親密にもてなす。朝ごはんも

夕ごはんも出る。だからこそ宿泊客だけがその中にある小さな規模の温泉を楽しむことができるのであり、その旅館の宿泊客でない者がそれを楽しむのは容易なことではない。

嵐山の中心にある渡月橋の両岸には大小あまたの旅館がひしめいている。その旅館街の入口に「花筏」という旅館がある。同志社大学で勉強していたころは時間がなくて、週末の休みに電車に乗って、嵐山とは反対方向の鞍馬温泉に何度か行くことがあったが、大学のすぐそばの私の部屋からはかなり遠く、しかも何度か乗り換えなければならない嵐山にはなかなか行けなかった。

あるとき嵐山で、そこにある旅館のひとつひとつをめぐっては「日帰り」ができるかを尋ね歩き、ついにそれができる「花筏」を見つけた。

八六〇〇円を出し、旅館の三階にあがると温泉がある。小さな空間の温泉だ。浴槽は体一つでいっぱいになりそうだ。どうかすると棺桶に入っているような気にもなるが、湯かげんがほどよく、柔らかなとてもいい湯だ。その湯を出て奥の戸を開くと、同じサイズの半露天風呂があり、どこからか吹くそよ風が気持ちいい。浴衣がけでさらに四階の屋

上にあがると、広々とした空が見える露天風呂があり、それも楽しむことができる。ごく私的な私のためだけの空間のようで、嵐山に来るといつも利用するが、外部からの利用は午後四時までなので、他を見物してうっかり時間を逃しやすい。

そんなときには、花筏からちょっと何分か歩くと遅くまでやっている「風風(ふふ)の湯」という湯浴み処がある。柔らかく包み込まれるような私だけの空間という感じではないが、それなりにモダンな感覚を味わえ、入ってみる価値はある。

この小さな温泉の空間をみると、昔日本で出た李御寧先生の『縮小志向の日本人』という本を思い出す。日本が他の国にくらべモノを小さく作ったり、小さな空間を活用する術は感嘆に値するほどで、その綿密さと細密さを独特の眼識で照らし出し、日本でもいっとき大きな話題となった本だ。

しかし、よく見ると世界的な水準で大きなものも日本にはかなりたくさんある。大きな競技場、高い建物、世界的スケールの寺院、世界で最も大きな寺、最も大きな山門など、考えてみるととんでもなく大きなものもたくさんある。しかし、ほとんどの国では驚くほど大きく高くということが主

に求められるが、日本はそれだけでなく、小さなものにも独特の美を見出し、また作り上げもするので、そうした面が世界の人々の目を引きつけるのだろう。

京都は温泉で有名というイメージではないが、見どころは多い。何日か滞在しても温泉に行かないこともありえる。私も京都に勉強しに来て、半年が過ぎて初めて京都には温泉はないのかと周りに聞いたほどだ。そして、嵐山に日帰りで入れる快適な旅館の温泉を見つけることになったのだ。

近くには一泊三〇万円(三千ドル)もするホテルがあり、花筏も一泊三万円以上なので、泊まれるものなら泊まりたいが、そうはいかなくても八六〇円のお風呂はおススメだ。

その謙遜の美を味わうべきだ。

京都での小さいけれど満ち足りた幸せだ。

ブロックの歩道を歩きながら

ブロックやアスファルトの歩道を走るとき、いつも思うことがある。

五大洋の海水を除けば、地球を覆っているものは土だが、ちょっと楽をしようとその土を石で覆い、アスファルトで覆ってしまったので、どこもかしこも塞がれて息もできない地球はどんなに息苦しいだろうか。PM2。ゴミやら、汚染による環境破壊も問題だが、すぐに目に見えるというわけではないとしても、外に出さえすれば目につくのが都市の歩道とそれを覆うアスファルトだ。大通りはもちろん、都市の路地という路地に石やレンガやアスファルトが敷かれている。

人類の文明が発達するほどに地球の姿が変わっていくが、一度そうなってしまえば、さらにその道を進みこそすれ、後戻りは容易なことではない。

いったん家を出ると、息のできない大地も気がかりだが、まずはおしゃれなハイヒールが道路のレ

東京Ginzaの歩道

ンガブロックにはさまらないように気をつけなければならない。新しい靴をおろすたびに踵がブロックにはさまり傷がついてしまうからだ。

アメリカではクルマに乗るのが常なので、マンハッタン以外では歩くこともないが、韓国に似た日本では歩くことが多い。

東京でもそうだが、少し前まで勉強のために京都にいたときは、よく歩いたものだった。主に自分の部屋から大学への道、そして、私がよく歩いた市内の何ヶ所には石やレンガが敷かれているが、細かくきちんと組み敷かれたそれは落ち着いた色と形で歩くのにちょうどよく、靴に傷もつかないばかりか見た目にも美しいほどで、息苦しい思いをしている大地のことをしばし忘れさせる。

何年か前、東京特派員をしていた鮮干錠記者が、しばしソウルで過ごして東京に戻ってきて、東京の歩道ブロックの敷かれ方とソウルのそれとを比較した記事を書いたが、目のつけどころがよくて感心したことがある。今詳しくは思い出せないが、二国間の差を歩道ブロックにみる徹底した職人気質の差にからめて説明していた。

歩道ブロックに限らない。京都で街路樹を剪定する作業をしばし立ち止まって見たことがある。真心のこもった姿が目に心地良かったからだ。その技術と伝統には長い時間の裏打ちがあることだろう。代々家業として受け継がれてきたものかもしれない。昔なら誰もが大統領や四つ星の将軍になろうとした韓国は、最近こそ将来の夢も多様化したようだが、それでも街路樹の手入れやブロックを敷く仕事を受け継ぐことを望むことはないようだ。

区庁で予算が残ると年末に歩道整備に使ってしまうというウワサもあり、歩道を新しく整備するたびに今度こそはと期待してみるが、ブロックの色は変わり映えせず、形もでこぼこで揃っておらず、ヒールが挟まってしまうことが経験者には手に取るようにわかる。私が育ったソウルの西村は、古い韓屋と狭い路地が多く、それがむしろ魅力だが、新しく大きな石板を狭い路地に敷き詰めたのは、似合いもせず洗練ともほど遠く、今度も失望だ。

京都にはあまり目立たないいくつかの色が調和をなしたレンガが敷かれたところが多い。単価的にはもっと高いはずの石が敷かれたところも、祇園をはじめあちこちにあり、その細心のデザインに込められた真心はただごとではなく、踏みしめると姿勢が正される。

長い歴史のある東山の高級な町を歩くと、そこ

京都　祇園の石の歩道ブロック

にはさらに歴史の長い、何百年もありそうに見える石板が敷かれており、歴史の匂いが体に染みとおるようだ。ヨーロッパにも歴史の古い丸い石が敷かれていて、見た目にはおしゃれだが、整っていないので靴で歩くには楽ではなかった。

いずれにしても大地は息がつげないようなので申し訳ないが、どうせ敷かねばならないものなら、歩くのに楽で、見た目も調和されていて芸術の香りすらも感じられるようにすれば、歩く足並みも心ももう少し軽くなるだろう。

味と茶

画家の家、The Sodoh

京都の「The　Sodoh」のことを思うと頬がゆるむ。そこには過去二〇余年間私がソウルでしてきたことがそっくりそのままあるためだ。

有名な日本画家である竹内炳鳳（一八六四－一九六二）の邸宅をリノベーションしたもので、表門の右側にある立て札にもそう書いてあるが、今やイタリアンレストラン The Sodoh として有名だ。

二千坪近い敷地の入口からして尋常でない。警備員風の男性と予約をチェックする紳士服の男性が立っており、予約なしには入れないことをほのめかしている。私が京都にいるとき、私を訪ねてきた人たちに The Sodoh の庭園を見せるためにそこを無事に通過できたのは、彼らとは十年以上の顔見知りだったためだ。

品格のある広い扉を入ると、足元には珍しくも広々とした

大きさの石が敷かれている。古くて幅広のその石をゆっくりと踏み、空をさえぎる紅葉の木を仰ぎ見る。低く上ったところにある自動ドアが開くと、そこに高級感のあるレストランが広がる。ホールはこじんまりとしているが、それがいくつもあるので全体としては大きなお店だ。一九世紀から二〇世紀にかけて百年近くここに住み絵を描いた画家の掛け軸が見え、二階には画家の肖像画がある。

オープンキッチンで、たくさんの料理人たちがきびきびと動いているのが見え、庭園には二つの情緒あるかがり火が燃え、内部も格調高いのにもかかわらず食事は驚くほど安い。昼のコース料理が一八〇〇〇円〜二五〇〇〇円程度、夕食はそれより高い。

「親子詩人」が暮らしてきたソウル弼雲洞の古宅が開発でほとんど取り壊されたため、新しく建て直したが、ＩＭＦの影響で賃貸も一年以上思うに任せず、一階に「複合芸術空間ザ・ソホ　THE　SOHO」をつ

くって、そこに文学館と美術館とともに、パリからシェフを呼び寄せて個人としては韓国初のフレンチレストランを開いた。それよりも安い価格なのだ。そして、フランスの有名レストランを何度も訪問した私の眼識でも、The Sodoh はそのスタイルや味、感覚が超一流の腕前だ。

予約をしてもしばしの待機時間に見てまわる庭園も一級品だ。京都を訪れる人は二三日の滞在であれ、半日の観光であれ、まずは韓国でいえば仏国寺にあたる丘の上の清水寺を訪れるのが定石だが、The Sodoh はその清水寺への登り口のはじまりあたりにある。

「画家の庭園」を歩くと、大小の滝がみえ、メインの建物のすぐ後ろに京都のシンボル、法観寺の五重塔がまるで店の塔のように聳え立っている。朝鮮半島からの渡来人として知られる聖徳太子が、平和の象徴として建てたというが、塔を前から眺めるよりも The Sodoh の庭園からの眺めの方が美しい。

母がずっと昔、「よその景色を取り入れて眺めるのを「借景」というの」と言ったときは特に気にもとめなかったが、五重塔をみるとそのときの語彙「借景」を思い出す。ある日本の記者が孫戸妍ほど美しい日本語を話す人をみたことがないと私に言ったことがあるが、母の一生で「借景」は私が聞いたほとんど唯一の日本語の単語だ。弼雲洞の古宅の食卓に座り、窓越しに低い塀からみえる裏の家の庭を見ながら言った言葉だ。

五重塔を眺めながら左側のこじんまりした別棟に入ると、魅力的なホールが広がる。八〇名程度が入るホールのテーブルには英語の聖書が置かれ、ウェディングリングをおいたクッションとかわいらしいオルガンが見える。それぞれが異なった文様の古びた木のベンチも趣きがある。

目の前のガラスの全面に流れ落ちる滝が映し出されている。これまで私がここを見せてきた人々は、思いもよらなかった愛らしい夢のようなその光景に歓声をもらし、誰もが「ここで結婚したい」ともらした。何年か前ここでの結婚式をみたとき、私もそう思った。そうしたホールがいくつかあり、ウェディングと音楽会のため土日の週末にはレストランは営業しない。

古き面影を残す東山。その核心であるねねの道、その長くもない道の右側の端、二年坂が始まるところにあるThe Sodohは、過去二〇年間ソウルの「親子詩人の家」(The Soho)で私が繰り広げてきたような文学行事と美術展示会、高品格音楽会、ミュージカル、舞踊、講演、李承信独唱会、それらを合わせたマルチアート、マルチカルチャーが料理芸術とともに繰り広げられるところで、詩人ではなく画家が暮してきたところ以外はThe

Sohoと似通ったところが多く、名前まで似ているのには驚いた。一九九八年に建てられたThe Sohoにくらべ京都の The Sodohはその五年後の二〇〇三年に建てられたことと、観光大国京都らしく訪問客もはるかに多いという差はある。

京都留学の初期にはソウルでそうしていたようにタクシーによく乗ったが、まわりの学生たちを見ると一〇〇円を惜しむ生活をしているので、私もだんだんそうなったが、大学からバスで一五分の距離にある The Sodoh にクラスメートを招待したりもした。日本の学生たちも全く知らず、外国からきた私が関連するストーリーを知っているだけ教えてあげると、西洋タッチもある高品格な東洋の装いをとても喜んだ。

すぐ隣の国なのでアメリカほどには homesick にならないだろうと思っていたが、はやり異国は異国。勉強も難しく、特別な日ともなるとがまんしていたタクシーをひろって乗り付け、ひとりで慰められもした。

当時の心情を夢のように思い出しながら、卒業後も京都へ行きさえすれば必ず立ち寄るところだ。

豆腐のはじまり、奥丹

奥丹は日本で最も古い豆腐料理店だ。湯どうふの名家として三百七十年の歴史を誇る。

私たち韓国人の食べ物、特に外食はだんだん辛さが増してきている。平壌出身の父の影響なのか、淡泊な味で育った私は、辛いものは避け、食材の味を活かして薄味で食べるのを楽しむ。

昔ながらの姿をとどめる京都の都心部をなす東山、観光客たちがたくさん訪れる二年坂、産寧坂という魅力的な坂を、ユネスコ世界文化遺産である清水寺側に向かってのぼったあたりでお昼になると、たくさんある食堂の中でも由緒ある奥丹という豆腐料理店を選ぶことになる。

店は二年坂をのぼって右側にあり、入ると中は静けさがただよい、窓越しにみえる美しい庭園と、京都の清浄な水につかって浮いている数百年間直接手作りしてきた豆腐が新鮮で爽快だ。

京都で勉強していたとき、ソウルから訪ねてきた方や私との京都観光を望む方々を連れて京都をまわるとき、初日の最初のご飯はこの坂をのぼってこの店でとりもする。ソウルから来たばかりの人たちが日本らしい風情の長い坂を歩いて奥丹の畳部屋で庭園を眺め、天ぷらと田楽をそえた湯どうふのコースを食べると、いやがうえにも異国情緒がかもされ、皆の口から感嘆がもれる。湯どうふとは、文字通りお湯につけた豆腐で、薬味を一切使わない淡味であるにもかかわらず、込められた精誠としっかりと重みのある豆腐の滋味が感じられる。

いくつかある部屋からはみな広い庭園が見え、地下におりた一角には、ここで豆腐に舌鼓を打った当時皇太子だった若き日の今上天皇のお写真があり、世界中から訪れたセレブたちの写真やサインが並べられているが、韓国の俳優のサインもいくつかある。

わずか何日間の滞在でも奥丹に一度は訪れるが、これまで同伴した方の中では崔書勉先生が印象的だ。

「終身日本大使」、「日韓外交の鬼才」という別名のある知日派学者で、舞台裏での日韓外交に献身し、総理をはじめ日本の政界実力者たちと交流し、両国の関係が危うくなるたびに仲裁と疎通に尽くしてきた韓国現代史の生き証人だ。

毎月講演のためソウルから東京に来る先生が、新幹線に乗って京都で勉強中の私を励ましに来てくださった。ここ十数年はずっと車椅子を使っていらっしゃったが、そのときは産寧坂が狭すぎたのか、少し車椅子から降りてお歩きになった。

独島（竹島）と安重根研究の第一人者でもあった先生も最近逝かれてしまったが、奥丹でその心地よい声を耳にしたのが昨日のことのようだ。奥丹を背景にして、ずっと昔、戦争のため退学せざるをえなかった延世大学校の卒業証書を、九〇歳になって受け取ったといってほくそ笑んでいた先生を思い出す。

京都は都としての歴史も長いが、「京料理」といえば日本最高の料理というイメージがある。世界的な観光都市としてイタリアンやフレンチなど世界各国の料理の店も多いが、コース料理が何万円もする京料理の店もたくさんある。

奥丹での皇太子

ずっと昔、私も父と何度か招待されたことがあるが、味はもちろん、目で見る繊細な美しさと着物姿の賄いさんのサービスは一級品だった。長いコース料理が終わって父が「お皿をしっかり拝見しました」と言うと、居合わせた人たちがみな笑った。大きなお皿にほんの少し一口サイズほどの料理が、お皿をとっかえひっかえしながら出てくるのを「ご馳走様でした」の代わりに、皆が共感できるユーモアでそう言ったのだ。常に座の中心にいた父、二十歳のときのその思い出があるので、京都に来るとあのときの店はどこだったのだろうと考えることになる。いつまでもずっとそばにいると思っていたのに。いまや尋ねる人もいない。

世界的セレブたちのサイン展示

政治家や権勢家たちが京都で特別な夕食をとるために、わざわざ日帰りで東京と京都を行き来したりもする。奥丹はそれにくらべればコース料理しかないので単純なことこの上ない。価格も三千円とお手頃なほうだ。そのため、京都に行ったら長寿国の日本人が好んで食べている健康メニューの湯どうふをぜひとすすめたい。

有名な南禅寺の真向かいに湯どうふの順正という店が

ある。長い歴史をもち、たくさんの人々が訪れる湯どうふの店だが、個人的には奥丹の落ち着いて高級感のある雰囲気を好んでいる。

今日萬の鰻

鰻、鰻料理を韓国で食べようと思えば郊外に行かねばならない。

京都の同志社大学で勉強していたときは、学校の近所以外には外食する時間もろくになかったが、夏になるや何人かの教授たちが日本では夏ばて対策に鰻を食べると言った。暑さにくたびれて勉強にも身が入らないので、市内の鰻屋に何度か足を運んだ。鰻はとげが多く扱いにくいので家庭ではなかなか食べられず、外で食べるものだという。

今回、京都でとんでもなくおいしい鰻屋を見つけた。店内は何坪もない。

祇園の数多い路地の一つに入ると、白川の細い流れがある。春になってその川の上を覆う枝垂桜の道を歩くと、自然と感嘆の声がもれざるをえないが、川の左側にはガラス越しにレストランで座って食事している人々が見え、右側には江戸時代風の濃い色の木でできた古い家並みがある。

看板はほとんどないが、食堂や茶店、夜には酒場も顔を出すのだろう思われた。

そのうちの一軒の入り口に白い布の暖簾に鰻が墨で描かれているのだが、その感覚が尋常ではないので、つい暖簾をくぐって入ってみた。内側にも続く狭い路地を少し入ると鰻屋の扉があり、その古い木の扉をおそるおそる開けてみた。

手狭な内部は、テーブル一つと調理場にくっついたカウンターテーブルだけだった。カウンターテーブルの一番端に案内された。どうして真ん中に案内しないのかと思ったが、その理由はすぐわかった。そこはすぐ目の前で鰻をさばく過程を見ることができる良い場所だったのだ。

とても若い板前が素早く鰻一匹を包丁でさばくのだが、その長い生き物を慣れた手つきでなで、焼き、煮詰め、丹精込めて作ったご飯の上にのせる過程の全てが一つの素晴らしい公演のようだった。

視覚的にはこの上ないが、味はどうだろうか。

鰻とご飯がスルスルと喉元を過ぎていく。これまで日本と韓国で食べた鰻の中でも最高のものだ。

他に客がおらず、これでは潰れてしまうのではないかと内心心配したが、店を出して間もなく、いくつかの都市にホテルをもち、京都だけでも洋食と京都料理等のいくつかの店をもつかなり大きな会社のものだというので、では何故こんな狭い店をと思ったが、主人が趣味でやっているのかもしれない。

外の暖簾とともに、内部の壁にも長い木の板に墨で鰻模様の一筆書きがあり、紙に描かれたのたくる鰻一匹も普通の感覚ではないので、誰の手になるものかと聞くと、社長が描いたものだという。鰻だけを扱うとても小さな店だが、自身の正体性を筆の一振りで表したその品位が素晴らしく、何より鰻をさばく姿と料理をつくる極めて静かな過程が興味深い経験だ。韓国では厨房で全部作って出されるので、作る過程を見たことがなかったせいだ。

商売が成り立たなかったらどうしようと心配までしたその店に、以前と同じように予約なしに立ち寄ってみると、京都で学校に通っていたころの食事代の何倍もするにもかかわらず、空席がなかった。

こうして一度はその味を味わうことができたが、次に京都に行く機会があれば、目の前で、その全過程をまるで絵を描くように、演奏するように、高度の芸術を演出してくれた今日萬、奥から何度も挨拶してくれたうなぎをさばいた料理人が、いつの間にかそばに立ち、あらためて丁寧な挨拶をしてくれたこの今日萬を、もう一度訪ねなくては。

いろいろな意味で、彼らの匠の精神と透徹したサービス精神には自然と頭が下がる。

手さばきひとつ、親切ひとつに真が宿れば
閉ざされた心ひとつを動かす力とならん

畳のある部屋

こんなにも異色なものと出会えるとは思わなかった。

東山のねねの道から始まり、高い丘の上の清水寺にのぼる狭い小道はずいぶん長い。昔ながらの京都の姿をとどめているせいか、年々観光客が押し寄せるのでより狭く見える。

しかし、それがそれほど長く感じられないのは、両脇が日本の伝統家屋の商店街になっており、きれいで興味深いたくさんの茶室や食事処、愛らしい記念品でいっぱいの雑貨屋などが魅力的で、古の感性を呼び起こす異国的な雰囲気の道であるせいだ。江戸時代や昭和初期の時代を懐かしむことができるその道を、世界各国から押し寄せてきた外国人たちが日本の着物を着て闊歩する。

初めての京都訪問をここから始める人も多く、その雰囲気に魅せられる。何度も足を運んでいる私のようなものは、ほとんど全部の店の名前とその特色を知っているので、散歩ついでに立ち寄る程度だが、驚いている人々の反応がおもしろくて、その表情を眺めたりもする。台湾や中国からウェ

ディング写真の撮影に来ている人々もかなりいる。

そんなおり、何度も通ったことのある昔ながらの町家の前を何の気なしに通り過ぎると、新しい路地に面したその町家の勝手口から洗練された金髪女性たちが出てくるのが見えた。あらっ、私はここに入ったことがあったっけと思い、後戻りして表向きはくたびれてみえるありふれた木の家に足を踏み入れると、なんと、どうしたことか、看板もないので今までずっと気づかずに通り過ぎていたが、奥の壁にあの見慣れたスターバックスのロゴがかすかに描かれているではないか。

そして、ここがあのどこにでもあるありふれたスターバックスではないことに驚かされた。いつできたのか気になって聞いてみると、最近とのことだったが、以前ここを通っていながらも気づかなかった。

清水寺にのぼる二年坂、三年坂にある家々はほとんど小さく似たり寄ったりの家だが、この町家の中部はそれに比べるとかなり大きくて奥も深い。そして、そのインテリアの発想が素晴らしかった。私が常に口にしている、目立たずにあるかなきかのようなものこそがよいものという、まさに

そのスタイルで、日本の古い伝統家屋の魅力を生かした痕跡があちこちに見える。大きな石の壁がすぐ横に見え、狭い木の階段をのぼると二階はいくつかのこじんまりした部屋に低めの椅子が置かれ、日本式の畳の座敷では、ゆかしい照明の中ひっそりと人々がコーヒーを飲んでいる。着物がとてもよく似合っていた。

長く暮らしたワシントンの高級オールドタウンであるジョージタウンでは、低級なスターバックスは絶対受け入れられないと住民が反対した。ソウル仁寺洞のオールドタウンでは英語の商号は認められないといってスターバックスをハングルで表記して外に掲げたが、内容を韓国式に変えたわけではなかった。

スターバックスの第一号店であるシアトルのカフェのことも思い出す。何の変哲もない小さく粗末なところだが、その後一躍全世界にフランチャイズが広がると、その第一号店はたいそうな観光名所になった。韓国でもスターバックスの草創期にはどの店舗であれ、そこでビジネスをしたり、コーヒーを飲むことがおしゃれだった。

しかし、それから何年かが過ぎた今、グローバル化してあ

りふれたスターバックスを珍しがる人はいない。ところが、千年の古都、今なおその姿を宿す京都の核心部にあるスターバックスは確実に違う。自分の国の陳腐なスターバックスに興覚めした世界の人々が珍しがって、日本の匂いがぷんぷんする「異色スターバックス」を訪ねてきては、畳に静かに座っている。ここは融合空間、目新しい文化空間だ。カフェという気がしない。

外からはその中にあるスターバックスに絶対気づくことはできない。歩きながらそれが目についたとしたら、その方がかえって不自然だ。それなのに人で一杯な様子をみると、推測だが、若者たちがインターネットで知らせ合い噂が広まったものだろう。インターネットで検索することなしに、心の向かうままに訪ね歩く人にとっては、いつも通る場所であっても存在しないかのように建っているそのコンセプトが奇抜だ。

表に出てきょろきょろと探してみると、入り口にかけられた、古びたその町家の木と同じ色の手のひらよりも小さな鉄板に見えるか見えないかの商号が刻まれていた。看板などないに等しい。まわりはどこにあるのか知りたくてうずうずしているのに、見えないようにと気をつかっているのだから、遙かに上手の発想だ。

道行く人々をじっと見ていても、その町家の前を黙々と通り過ぎて行くので、当然だと思った。京都に何泊かしながらも世界唯一の町家のスターバックスには気づかずにいるのを見ると、ほんとうに惜しいことだと笑えてくる。

しかし、いずれはきっと知ることになるだろう。本物というものは隠しても、広報しなくてもやがて知られるようになるということを、ここで今さらながら感じさせられた。

本物はいつかは正体が知られるようになっているポケットの中の錐が飛び出すように

鍵善良房

京都祇園の中心の大通り、八坂神社から二キロほど伸びたその道は、大概のお店や名所なら　知らないところはないほどに、初めて足を踏み入れた一九七〇年から最近までほんとうによく歩いた。

それなのに、これはどうしたことだろうか。

お店はみな似たり寄ったりで、ガラス窓の外のディスプレイも似通っていて、扉も閉まっているので、気づかなかったのかもしれないが、もう京都祇園の大通りに私が知らないところはないと思っていたある日、いつも何気なく通り過ぎていた店の赤紫色の暖簾をわけて中に入るや、私は驚いてしまった。

この小さな都市京都で、もう驚かずに済むようになる日がいつかは来るだろうか、そんな考えがふとよぎった。

店内には目を楽しませてくれる和菓子が陳列され、四方の壁には古びた家具と菓子箱と骨董品が高

い天井まで埋めつくしている。一目見ても高級感にあふれ格を感じさせる。店の名は鍵膳良房。思ったとおり、江戸時代中盤に店を開いた日本伝統菓子専門店で、昔から宮中にお届けする和菓子を扱っているという。順番を待って並ぶひとりひとりに落ち着いて親切に接する洗練されたユニホームの店員がおり、さらに奥に入ると、驚いたことに広やかな喫茶店があり、そこにも行列ができている。

三百年を越える歴史をもち、知っている人はみな知っているようだが、インターネットやガイドブックを見ない私だけが知らないようだ。入口近くに並べられたお菓子のひとつひとつが洗練の極致だが、店内と奥の喫茶店の空間にも品位があり、滲み出る歴史の香りと相まって圧倒されるほどに美しい。

待機場所の横の壁にかけられた、今と同じ場所にあった三百年前の店舗の白黒写真を眺めながら順番を待った。やがて私の番となり、二坪ほどの小さな庭園がガラス越

しに見える席に案内された。メニューをみてもよくわからないのでまわりを窺うと、緑色の筒を開けて麺のようなものをお箸ですくって食べている人が目についた。聞くと「くずきり」だというので、私もそれを頼んだ。

ついに私の前にも二段の筒が運ばれてきた。黒蜜と小さな和菓子とお茶もついている。高級そうな器は見ただけでも豊かで、しっかりとおもてなしされている気がする。筒を開け、氷水にひたっている透明で長い麺のようなものをお箸ですくい、黒蜜につけて味をみる。冷たさと黒蜜の濃い蜜の味だけがして、他の味は感じられない。

くずきりは、漢方薬の葛根湯として知られている葛の根の粉を溶かして作られる。味は何もないが、体を温め血液をきれいにしてくれ、風邪にもかかりにくくなると言われている。なによりもそれを食す雰囲気が余裕に満ちて素晴らしい。私は三日連続で行列に並び、三日とも席についた。

くずきり以外にも、はったい粉につけて食べる「わらび餅」、抹茶と和菓子のセット「おうす生菓子付き」、あずき粥に似ている「きび餅善哉」など多様な和菓子、羊羹、お団子などがある。

壁にかけられた絵画も東洋と西洋が調和され、日本の喫茶店にしては空間がかなり広い方なので、日本の古くからの伝統に洗練された西洋式が加味された雰囲気があり、窓越しにみえる小さな庭も日本庭園らしく細やかに手を入れられていて、心が楽になる。ただ休むのではなく「学びながら休む」のが一番だ。

京都の名高い昔の文人たちがよく立ち寄った由緒あるところだというので、古の文人たちが湯呑みを前にしてここで得たに違いない霊感とはどんなものだったろうか、そうして書かれた文章はどんなものだったろうかと想像してみることにも、特別な面白さがある。

私も手帳を開く。

喫茶店 Francois

京都には古い喫茶店がたくさんある。聞いたところでは、日本全国で喫茶店が最もたくさんある都市だとのことだ。小さな都市なのになぜかと思ったら、昔から朝、出勤ついでに喫茶店によってトーストとお茶を一杯飲む慣わしのせいだという。

韓国はいまやとてつもないコーヒー大国となり、カフェの数もかなりになるが、日本のものをカフェやコーヒーショップと呼ぶのはどうかと思うのは、彼らは彼ら固有の茶を維持保有し、それが主流となっているせいだ。しかし、コーヒーといっても歴史が長く、ネパールや南米等に直接行って住み、コーヒー農園も持って、その研究は深い。種類も多様で、東洋人の好みに合わせて作るので苦味が少なく手厚い感じがする。

私は普段コーヒーを飲まないので、カフェに行くと何を飲もうかと悩み、柚子茶、花梨茶にしよう

としても甘過ぎてそれも避けるので、結局は何の特徴もないものを頼むしかなく、足も遠のくことになる。京都でもよく行くというわけではないが、行けば濃い緑の抹茶やミルクティを頼むか、コーヒーがやわらかいのでときどき注文する。

世界的な都市にしては小さなこの都市に、普段喫茶店とは縁のない者に深い印象を与える喫茶店が指折り数えて七つもあるとは、考えてみれば不思議なことだ。

しかし、それらは勉学を終えた後の旅行中に大学や宿所の近所、私がよくいく東山界隈程度に限られた範囲のものなので、私が知らない隠れた店もあるだろう。

それでも私のように何度も訪れ、長期滞在もし、好奇心がなくては見えてこないものだろう。

これらのうちモダンなものは一ヶ所だけ。残りの共通点はみな古く歳月の垢が沁みついていることだ。そのひとつが今座っているフランソアFracoisだ。

市内北の祇園に泊まり、八坂神社までずっと続く大路を二キロほど歩き、加茂川にかかる橋を渡るちょっと前の右側の路地に少し入ると、その噂に高い喫茶店があり、その前

にはとても小さな高瀬川が流れている。

二、三度ほど比較的短い五、六人の列に並んだこともある。以前は、一時間が過ぎても埒があかないので諦めた。今日も特に期待せずに来たが、とうとう席に座ることができた。

こじんまりとした空間だ。以前諦めたときに感じたのは、食堂の列は長くても回転が速いが、喫茶店の列はちょっとやそっとでは縮まらないということだ。席を立とうとしないせいだ。雰囲気がよければなおさらだ。

ふくよかに抱いてくれるような中世ヨーロッパ風で、カップルもいるが大部分は女性客で、私のようにひとりで座り、鑑賞したり本を読む男性もいる。おばさんたちのおしゃべりも韓国よりも静かなだけで、とめどないことは同じに見えた。

長い歴史が丸天井、柱、ビロードの椅子、テーブル、そしてカップにさえ沁みつき、壁にかかったモナリザのレプリカ、フェルメールの「真珠の首飾りの少女」、ミレーの絵も歳月に洗われ本物のように似通って見える。オレンジ色のまざった黄ばんだ天井と壁はローマのある片隅の壁の色のように渋く、かすかに聞こえるクラシックが雰囲気をかきたてる。

繁華街の祇園からちょっと入ったところにあるせいか、外国人観光客は見当たらず、ほとんどが現地人だ。ほのかに香る歴史と歴史が醸す時間のとろみが息づく空気に顕れている。世界のどこでも、韓国でもそうだが、深みがあり本当に雰囲気があるところは現地人が中心だ。だから、一つの国を何日かで見るというのは、話にもならないことだ。

日本は一五〇余年前、政府か各分野の人々をヨーロッパに送り、文化はもちろん、政治、法律、教育、経済を学び、制度と発想がいち早く先進国となった。そのせいか、自分たちはアジアに属しているのではなく、ヨーロッパの一部だと考えているという話をずいぶん昔聞いた。私の母の数十年前の日本人の同窓生が、自分の国は西洋の一部だと長いこと考えていたとことを告白したと聞いたこともある。

実際に西洋がうらやましがる経済や文化をすべて備えるにいたったことを思えば、そう思うのも無理はないとも思うが、その顔をひとりひとりじっとながめると、ソウルの私の街でいつも出くわす誰それが思い浮かび、間違いなく私たちと同じ顔だ。日本人だけがその事実を知らず、自身と同じ顔つきの私の街の人々のことを知らずにいる。

この喫茶店百余年の歴史は、旧式のビロードの椅子の赤色にもこもり、この時期にはクリスマスの雰囲気をいっそうかきたてる。私の目の前の壁にあるあまりに古ぼけて本物のように見えるモナリザは、さっきからミルクティ一杯でこの文章を書いている私を微笑みを浮かべて見守ってくれている。

「コーヒースマート」に並んで

京都はローマがそうであるように、都市全体が生きている博物館だ。

どこをどう歩いても千年の歴史が息づいているが、日常の買い物をする市場の中にさえ歴史上の英雄の終焉の地などがひっそりと佇んでいる。たとえば、市内の真ん中、錦市場というとてつもなく大きな市場につながる寺町通りの中の本能寺もそうだ。本能寺は当代の権威ある寺の一つでもあるが、「本能寺の変」で有名だ。

戦国時代から安土桃山時代にかけて強力な勢力を構築した織田信長は、西の強敵毛利家を攻撃するために兵力を動員した。動員された兵力のひとつ明智光秀は、織田の命令による進軍途中で突然本能寺へと乱入し、そこを宿所としていた織田信長を攻撃し、信長を自決させた。織田信長の全国統一の夢がその目前で途絶えた事件だ。

当時、明智光秀が織田信長に反逆し、自身の部下に命じた「敵は本能寺にあり」という言葉は今も

意味深長に使われている。

本能寺は朝鮮通信使が日本に行くとき泊まるところでもあるが、一五八二年の織田信長の死後火で焼けてしまい、現在の寺町通りに規模を縮小して移転された。そこには信長の墓が建てられ、数多くの戦闘で使われた彼の刀や遺物がその中の博物館に展示されている。

寺町通りは錦市場の中でも一見したところ高級商店が立ち並ぶ商店街だ。寺町通りの中にある由緒ある本能寺を見学して外に出ると、すぐ向いに人が列をつくっていた。日本人は長い列を見ると、それが何かを問うこともなく無条件に並ぶというが、私はいつも同志社大学の勉強で時間が足りないか、主に短期の訪問のときだったので、長い列は避けるしかなかった。ところが、この列はわずか四人ほどの列だったので、私もその後ろに並んでみた。

順番がくる直前には中に入って小さな椅子に座って待つが、香ばしい匂いが漂うコーヒーショップだ。表にも中

にも「Coffee　Smart」という商号が書かれた赤いコーヒー缶が積まれていて、長い歴史を象徴するかのように置かれたテーブルと椅子は数十年以上経っているように見える。代々受け継がれてきた古い商店が多い都市なので、いまさら驚くことでもないが、周囲にはモダンでかっこいいコーヒーショップも多いのに、この古くて無邪気にさえ見える店にだけ列をつくって並び、我慢強く待っている様子は不思議だ。

私はどちらかというとモダンよりはクラシックを好む方だ。現代的なモダンにはパっと惹かれては次の新しいモダンを探すことを繰り返すが、クラシックは歴史の層が重なれば重なるほど気持ちよく引き込まれる妙な魅力がある。私のように考える人がここにこうして並んで待っているということに安堵を覚える。

私はコーヒーを飲まない。幼くてソウルに西洋式レストランも珍しかった頃、家の近くの北岳スカイウェイを登ると、「ベアハウス」というレストランがあって、そこで食事をしたときに多少味わいもした。アメリカ留学に立つ前日の夜にも、次の日から繰り広げられる人生の歴史など思いもしないまま、家族と食事をし、最後に飲んだクリームをたっぷり入れたコーヒーの味は今も生き生きと記憶に残っている。けれど、その後アメリカでも韓国でもコーヒーを飲まなくなった。最近のソウルは石を投げればコーヒーショップに当たるほどで、かっこいいコーヒードリンカーがブラックコーヒーを、それもブランドにこだわって飲むようになったが、それでも相手が勧めれば一口二口味見する程度だ。

茶文化が発達した京都は、韓国のようにカフェが溢れてはいないが、その味はとても発達している。韓国よりもはるか以前から西洋食飲料文化を勉強もし、日本人特有の研究熱、匠の精神のせいだろう。食べ物やケーキやコーヒーの味は、西洋の味をそのまま受け入れるのではなく、東洋の好みに合わせて徹底的に研究して変化させているので、韓国人の口にもよく合う。

「Coffee Smart」は古いその雰囲気もほのぼのとし、コーヒーの味も極めて優しく拒否感がなく、皆が好きだというほろ苦いコーヒーの味が苦手な私もここに来るとコーヒーを頼む。

ここにはフレンチトースト、ホットケーキ、キャラメルプリンという三つの定番メニューがある。卵にたっぷりとひたし程よく炒りつけたフレンチトーストは、日本のどこでも一般化したメニューだが、ここのフレンチトーストは特においしく、その上に甘いシロップをかけてコーヒーとともに一口含むと、幸せな気分になる。

いつも四、五名がその前に並んでいるが、列は長くもないのですぐ順番が来るだろうと待ったが、実際にはずいぶん待たされた。ついに自分の番になって中へ入り、歳月を経た椅子にゆったりと座り、ゆきとどいた親切なサービスを受けながら注文したものを味わっていると、なかなかすぐには席を立ちづらいせいだ。しかし、外で待っている人々はおそらく皆がそうした経験があり、待つこと自体は退屈で時間ももったいないと思いながらも、その幸福感が体にしみついているので、ぐっとこらえているのだろう。

日本人が韓国人よりも我慢強く、焦ることなく怒りっぽくないのは、やがて訪れる時間とその幸福をそんなにも信じ、想像しながら耐えて待つことが習慣になったせいかもしれない。厚いフレンチトースト一皿に、口当たりのよいコーヒーを添えれば、待つ甲斐もある。世界中どこにいってもフランチャイズのカフェばかりなので、逆説的にこうした旧式の店がより目につくのだろうか。

この店が京都の「コーヒーショップ必須コース」なのかどうかはわからない。噂を聞いたこともない。たんに、本能寺の冷酷な歴史を見学し、向いにある大きな石に刻まれた大本山本能寺の碑をながめつつ、織田信長の時代にはなかったコーヒーの味を経験しただけのことだが、それにより普段コーヒーを飲まない私が京都へ来ればコーヒーを飲むためにわざわざ立ち寄る店になったのだから、考えてみれば不思議なことだと思わざるを得ない。

青森りんご

果物のうち一番好かれているのはりんごではないだろうか。

One apple a day keeps a doctor away。アメリカの言葉だ。私もリンゴは好きで、朝さくっと一口齧ると、アメリカで食べた青りんごや、京都の青森産のりんごのことも思い出す。

二〇一五年に勇気を出して京都での勉強を始めた。その前に部屋を見つけなければならなかったが、時間もないのに見る部屋見る部屋がみな似たりよったりで決められずにいると、一緒に部屋探しを手伝ってくれた人が、大学にも近くて市場もすぐ横にあるからここがいいと言ってくたので、これ以上時間をとらせるのもすまなくて、六番目にみた部屋を選んだ。

思ったとおりちょっと狭かったが、これも「日本の文化」

と思い、勉強しに来たのだから寝られさえすればいいと自らを慰めた。しかし、いいところがないわけではなく、三歩歩けば市場なので、ソウルで通っていた市場を思い出した。食べ物が豊富で満足した。

市場の中にはきれいで品揃えのよいスーパーが二つあり、私の好きな果物屋もあった。

何日間かの滞在ではなく、生活するのであれば三食は基本だ。学校にはいくつか食堂があり助かったが、部屋のすぐ横の市場でも新鮮な刺身や絹豆腐や乳製品が安くてありがたかった。よく日本の物価は高いというが、その中で暮らしてみるとそれほどでもない。

そうしてみずみずしい果物も買えることが分かったが、ある日その市場のはずれの向かいに別の果物屋を一軒見つけた。りんごとみかん、柿など種類は多くないが、店頭に青森産りんごという札が見えたので道を渡ってみた。店のおかみさんに「青森産ですね」と聞くと、そうだという。店の奥が居住空間になっているのが窓越しに少し見え、そこで食事の後片付けをしているのが九八歳になる母親だという。

青森は日本の本土の北端にある県だが、まれに見る清浄な地域で自然と空気がこれでもかというほ

ど澄んでいるが、りんごが特に有名で、全国どこにいっても青森りんごが並んでいる。
母は十七歳のとき、五七五七七の三十一音からなる短歌を東京で学び、韓国で生涯短歌をつくり続けたにもかかわらず、それほど知られることはなかったが、後日日本の天皇から短歌の大家として親しくも宮中に招待されてからは、あちこちから講演要請が殺到するようになった。そのうちの一つの原稿にこんなエピソードがある。

『私の歌碑が日本に建てられるという大それた日韓の親善もありますが、ごく些細なことが両国の親善になりもします。東京の宮中新年歌会始めの儀を陪聴した次の日、一緒に来た娘の息子が水を求めるので小さな店に入ると、店の夫婦が「ご旅行中ですか」「どちらから来られましたか」と聞くので、韓国だと答えた後、「お二人はどちらのご出身ですか」と聞き返すと、青森だと言いました。
「私も行ったことがあります。私の歌碑が青森にあるんです」と言うと、理解できないといった表情なので、発音に気をつけてもう一度そう言うと、店のご主人は突然言葉をあらためて「そんなにすごい方でしたとは」と言いながら丁寧にお辞儀をしてくださいました。店を出ようとすると「お孫さんに」とお金も受け取らずにポテトチップをくれました。そのまま別れるのも何なので、包装紙をもらってその裏に短歌を書いて渡しました。

故国はるか吾が歌碑建ちぬ隣あい　肩を寄せあい睦みあえよと

切実な望みが一つ吾れにあり 諍いのなき国と国なれ

奥さんが涙ぐんで「お隣同士仲良くしないと」と言ってずっとうつむいていると、「とても感動して泣いてしまいました」と黙って横に立っていた旦那さんの目も赤くなっていました。店を出るとき、一枚しかないという汚れた名刺をいただいてきました。

帰国後、私はその感動がさめてしまう前に、すぐ手紙を書きました。「いただいたポテトチップは私の手にわたった瞬間から、ただの物ではなく私の短歌一首とともに日韓親善の架け橋の役割をしました。この美談は私の胸に永く残るでしょう。今後とも仲良くいたしましょう」』

母のこのエピソードが思い浮かび、京都の市場の果物屋のおかみさんに「このりんどをいくつか包んで下さい。私の母の歌碑が青森にあるんです」と言うと、わけがわからないという表情なので、私も短歌を一首紙に書いて渡した。


外国の土に慣じみて歌碑よ建て ふたつの国を繋ぐ掛橋

感激したようだった。

こうした瞬間を味わうたびごとに理解できないことがある。八〇年が過ぎようとする過去の歴史と、私たちの日常とは何の関係もない目に見える小さな島をめぐって、なにかにつけて葛藤、矛盾、争い、報復といって疲労する両国政府のことだ。民間レベルではひとつのりんごと短歌一首でこんなにも容易に暖かい心が開き合うというのに。

私は京都にいたときにも、市場の向かいのその果物屋によくいったが、同志社大学を卒業後も京都に行くとそこを訪れ、おかみさんである木村さんと再会を喜び合っては、りんごを買ってホテルにもってゆく。

日韓友好のために生涯を捧げた父と母から学んだやり方だ

甘栗

ピカピカ、くりくりしていて、幼いころによく遊んだお手玉の小石のようにかわいらしく、愛らしい。

東京にもあるが、京都祇園の繁華街には軒をつらねる店と店の間から栗を焼く匂いがして足を止めさせる。甘い匂いだ。

袋に「名代あまぐり　甘栗の老舗林万昌堂」と書かれているので、聞いてみると一五〇年近い歴史があるという。甘栗には私なりに美しい思い出があって足を止めた。

焼きたてがおいしいので、少量の六〇〇円のものを指差すと、そのときから大きな鉄の釜でぐるぐると焼き、秤ではかって慣れた手つきでかわいく丁寧に包んでくれる。

これはもともとは平壌栗だった。

四〇年前、父と東京の銀座を歩くと、焼き栗の屋台をよくみかけた。父はこれは平壌栗だと喜び、歩きながら一緒に食べた。韓国では焼き栗の皮を苦労して剥かねばならないが、この栗はぐっと力

を入れると簡単に剥けるので不思議だった。平壌産だからか平壌栗といった。
私が生まれる前、父（李允模）は平壌から単身やってきた。最初のころは平壌にいた祖母がソウルまで訪ねてきた。新婚ほやほやの両親とともに「李允模」という表札のかかった家の前で三人で写真も撮った。その写真はもうなくなってしまったが、私が似ているという白黒写真の中の祖母の姿は常に私の胸にある。

その後、三八度線が父と祖母の間にしかれ、祖母は二度とソウルに来ることができなくなった。一九八三年に亡くなるまでの三〇年間、父から祖母を懐かしがったり、故郷に帰りたがったりする言葉を聞いたことはなかったが、今にして思えば、路上で平壌栗を買い、平壌冷麺を探していたこと自体が祖母を故郷を懐かしむ心ではなかったろうか。生きているときにそんな心の一片でも理解していたなら、これに勝る親孝行もなかったろうにと、悔やんでも悔やみきれない。

「これは平壌の栗ですか」東京の焼き栗屋台の主人にそう尋ねた父の明るい表情が懐かしく、祇園通りの甘栗屋の前

を通るたびに、その袋を手にする。頭と胸の中にだけある、目には見えない記憶が実体化したとでもいうか。父が尋ねたように「これは平壌の栗ですか」と尋ねると、今は中国のものだとのこと。騒々しい世の中にも秋がめぐってくる。焼き栗の季節がくるのだ。

アメリカではニューヨーク州立大学 New York State University のあるニューヨーク州の北のオスウェゴ Oswego の海のような五大湖の前にある家で二年を暮らし、息子もそこで生まれたが、道を歩いて焼き栗の匂いがすると、その家の大きな壁暖炉の焚き火で焼いて食べた栗のことも思い出される。

栗は寒い冬には最高のおやつだ。

そこにそのときどきの美しい愛の記憶があれば、人生も少しは美しく昇華することだろう。

父への思いが恨となり沁みこむ平壌栗、東京銀座の交差路にて

母の千鳥ヶ淵

柳宗悦の『民藝』

東京で行ってみたいところの一つが柳宗悦の「日本民藝館」だった。

私が柳宗悦(一八八九~一九六一)を知り、本格的に接っするようになったのは二〇一三年。きっかけは、近くで食事をし何の期待もせずに入った徳壽宮現代美術館での柳宗悦の収集品展示会だった。彼の話は何度か聞いたことがあるが、収集品を通してその美の芳香をかいだのは初めてのことだ。

新鮮な驚きだった。集められた収集品は白磁や青磁のような高価な陶器類ではなく、当時誰も振り向きもしなかった庶民の日常の中にある陶器、器、櫛、糸巻きといった類の用品だった。隙があって完璧ではないが、愛らしくて思わず笑みがこぼれた。先駆けていった藝術家の眼識の高さが感じられた。

さらに驚くべきことは、そうしたものに藝術性を見出しながら、それを作り出した国と民族にも限りない敬愛の情を持つことになった事実だ。

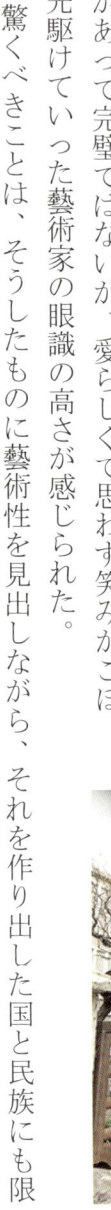

「民藝」という言葉も概念もなかった時代にその理論を打ち立て、自身が住んでいる地域で使われている日常的なものの価値を通し、明日の創造を導く試みを行った。陶器はもちろん、笠、履物、チマチョゴリ、山の稜線にいたるまで、「朝鮮の線」に感嘆した彼は「朝鮮の美に沁みこんだ悲しみ」を感じ、それを「悲哀の美」と名づけ世界に知らしめた。

韓民族の文化が消えてしまうことを憂い、私たちに代わって美術館の建立を決心しもした。そうすることが朝鮮の藝術から受けた恩恵と義理に報いる道だと考えた。

美術館を建てようとした目的は、単に工藝品を展示するためではなく、彼の言葉にあるように、朝鮮民族美術館が消え去ろうとしている民族藝術の持続と新しい復活への直接的な原動力となることを願ってのことだった。

彼の心が私のどこかに残っており、その後　NHK　TVで彼の物語を興味深く見もしたが、ついに東京大学近くにある「日本民藝館」を見られることになった。

名もない職人たちが作った日用品を通して出会う新しい美の概念を広く普及させるために、彼は「民藝」という言葉を考え出し、一九三六年東京に「日本民藝館」を建て「美の生活化」を志向する民藝運動の本拠地とし、展覧会や収集研究や執筆等の多様な活動を展開することになる。

それは尋常でない古さの二階建ての邸宅だった。彼の眼識によって選ばれた様々な日常品が、上下階に展示されている。日本の品物の中で朝鮮のものは目立った。私たちにとってはあまりにありふれていて捨ててしまったものたちが、彼の目には美しく見えて収集された。それは客観的にみても卓越して一貫した選択だったので、世界中の人々から愛されている。私たちは捨ててしまったが、世界の人々は柳宗悦が集めたものを見るために東京へ来て感動している。

帰国後に、ソウルの景福宮にある国立古宮博物館で王族とその日常の家具と陶器をながめながら、柳宗悦が選ん

だ日常のものたちが、どれほどほほえましく人間的で、心暖まるものであるかを今さらのように感じさせられた。

世の中を美しく見ることのできる細心な目と心があったからこそ、それを見てとらえることができたはずだが、そうであれば、そのような審美眼はどこからきたものだろうかと考えさせられる。大学院で「文化藝術人文学」を教え、文化と藝術さらには文学は、そうしたきめ細かい眼識を絶えず育て続けなければならないと、ことあるごとに強調してきた私としてはなおさらだ。

民藝館の作品に説明を省いていることも気にいった。作品の鑑賞は知識ではなく、なにものにも縛られることのない自由な目と心で見ることが重要だという柳の考えのためだ。

同じ一生にしても、柳宗悦のように暖かい眼識で人生を眺めることができたなら、さらに、その目に見えるものを作り出した職人精神とその民族、ひいては国までを愛し、研究と著述を通してその理論を展開し広めるという創造的発想の人生をおくれたなら、それこそが、手垢のついた長寿の願いを越える、真に人生を長く生きる方法ではなかろうかと思わされる。

収集家といえば大事業家であることが相場だが、ソウルで初めての柳宗悦の展示を見たとき、収集以外に彼がどんな仕事をしたのかが気になった。しかし「日本民藝館」でたくさんの本に囲まれ研究三昧にふけっている彼の写真をながめ、それがどれほど無知な考えだったかを思い知らされた。

民藝館の向いには柳宗悦が設計し、息が果てるまで生活の拠点として、有形文化財となった彼の私邸と書斎があるが、中に入れるのは月に四回だけなので、次の機会にまわすことにした。

東京という大都市には見るべきものがあまりに多く、何度行ったとしてもなかなか「日本民藝館」に足が向かうことはないかもしれない。しかし、韓民族の民藝の価値をいち早く見抜いた先覚者のミュージアムにはぜひとも行ってみることをお勧めする。心が暖かくなるからだ。

ギンザシックス

韓国の新聞とメディアでも東京の「ギンザシックス(Ginza Six)」オープンの知らせは大きく取り上げられた。私が東京でいつも泊まるホテルの近く、松坂屋デパートがあった場所だ。

銀座の老舗百貨店松坂屋跡地を含む街区と隣接する街区の二街区を一体的に整備して、その名もシックに「ギンザシックス」としてついに生まれ変わったのだ。超大型ショッピングモールとして生まれ変わるのに何年もかかった。銀座は東京で最もにぎやかな通りで、二十歳のころこの通りの地価は天文学的な数字だという話を聞いたが、その銀座でもここは最上の中心地で、その建物は「銀座四丁目」の大通り全体に信じられないほど長く伸びている。

まったく違う姿になってしまったが、その前に立つとふいに昔のことを思い出す。父と一緒の思い出だ。

クルマが通れなくなる週末、歩行者天国には人波があふれる。外国人も多く混じっている。私の写真を撮ってくれたのもベトナムからきた少女だった。

広々としたモダンな西欧式の入口を入ると、気持ちよく六階まで吹き抜けになっており、天井には鉄製のカボチャ造形で世界的に有名な日本人女性作家、草間彌生の作品を応用したジャイアントバルーンが宙に浮いている。

一階から五階まではヴァレンチノやらイブサンローランやら世界中のブランドというブランドがひしめいて悪酔いしそうなので、吹き抜けのアトリウム(Atrium)の内部建築だけを眺め、すぐにエスカレーターで六階までのぼると、驚くべき光景が広がった。期待もしていなかった蔦屋書店だ。

蔦屋は韓国のメディアでも紹介されたことがあるが、私は何年か前に京都で初めてみた。京都でも新鮮なその外観に驚いたものだが、一号店は東京であり、ギンザシックスの蔦屋の新しさには「本をテーマにしてさえこんなにも素敵なことができるなんて」と思わされ驚いた。

どこの国でも、たとえ日本のような読書率世界一位の国でさえ、このデジタル時代に紙の本を売ることは容易なことではない。ところが、世界的に地価の高いこの土地の書店に施された発想は衝撃的だ。六階は人で満ちていた。複合書店の中央には高級そうなスターバックスが自然と調和し、本の展示も本の大きさも種類も、展示スタイルも実に多種多様だ。

ギンザシックスができてから、東京に来るたびに私はたくさんの時間をここで過ごすことにしている。他のどこよりも面白く、興味がつきないからだ。

旅行中にひとつ荷物が増えるのは頭の痛いことだ。私のように常に自著を持ち歩く者は、「今度蔦屋に行ったら、恥知らずといわれようとも読むこと、眺めることに集中して買わないようにしよう」と心に固く誓うのだが、店を出るころには何冊かを手にかかえており、我ながらあきれてしまう。買わずにはいられなくさせるのだ。さすがにモノではなく面白さと価値を売るところだ。

奇抜なアイデアでいくつかの都市に八店舗を展開した蔦屋書店もすごいが、とんでもない広さの六階フロアーを書店にさいたショッピングモールもすごく、そこに集まった人々の数と反応もすごいのひと言だ。

屋上に出ると森があり、足元には緩やかに水が流れ、子どもたちが裸足で遊んでいて、ここが複雑な都市であることを忘れさせる。

それを眺めながら懐かしい思い出をたぐりよせる。

四〇年前父と散歩しながら、長々と街に横たわる松坂屋に立ち寄った。店内のテレビにはちょうどロンドンのウィンブルドンテニス大会が映し出されていた。まだソウルではそうした世界的なスポーツゲームを見ることでのできなかった時代だったので、父はしばらく興味深そうに画面を眺めていた。国際会議によく参加していた父は、英語が少しできたせいか、いつも私を同伴した。愛国心とリーダーシップを身に付けた時期のことだ。

いつまでも一緒にいられるし、いつもそこにいると思っていた父は、蜃気楼のようにその姿を隠してしまい、残された私だけが当時を思いつつこうして新しい建物を眺めて立っている。

私は父が心に願ったとおりの姿になっているだろうか。父と一緒にいた場所に立つと、そんな思いにとらわれる。

母の千鳥ヶ淵

東京に何度か行ったことのある人でも、タイミングが合わなかったり知らなかったりで、千鳥ヶ淵のお堀に流れ落ちるピンク色の滝を見たことがない人は多いだろう。

二十歳のころから東京には何度も行っている私も、その名を知らなかった。母である孫戸妍の伝記『風雪の歌人』を読むまでは。

著者である北出明氏は日本国際観光振興院に勤め、一九九三年から一九九八年までの五年間ソウル事務所に駐在した。帰国も間近となって母と知り合った北出氏は、韓国滞在中最も感銘を受けた人物として母を選んだ。帰国直前での邂逅をとても残念がりながらも、孫戸妍の生涯を本にしようと決心した。公職にあった人物が作家になった瞬間だ。

北出氏はその後休暇を得てはソウルを訪れ、四年余りにわたって母にインタビューや取材をした。その結果、日本屈指の出版社である講談社から『風雪の歌人』として出版され、東京で開かれた出

版記念会に母が出席し、マスコミでも話題になった。

母が生まれたのは国を奪われていた時代だった。母は朝鮮王朝最後の王妃である「李方子妃」に留学生として東京におくられ、家政学を専攻し短歌と出会った。帰国後には日本語で家政学を教えもした。一九四五年に解放されると、日本語で歌をつくることが後ろめたく思われもしたが、一七歳で身につけたものを捨てることは容易ではなかった。南北分断、同族相争う朝鮮戦争、北朝鮮による父親の拉致、三年間の疎開生活などがそれに続いた。

そんな苦しみの時代を生きてきただけでも十分なのに、書名まで「風雪(苦難と試練)の中を生き抜いてきた歌人」のようにしたくなかったが、そうした逆境を乗り越えて短歌の大家となったことに読者が勇気づけられるのではないかと北出氏に説得された、と母から聞いたことがある。チマチョゴリを着た写真の表紙の帯には、「彼女にとって日本語は母国語ではなかった」と書かれている。

私はこの伝記を母の死後、母のさまざまな原稿を研究することになって初めて読んだ。この伝記には数百首の短歌がおさめられていた。韓民族であれば誰もが味わった波乱万丈の生涯を短歌に含ませて表現したものだ。短歌には自身の人生も入っているが、その人生の背景である大韓民国の現代史がすべて出てくる。

夫と義母の面倒をみながら五人の子どもたちを育てた母が短歌を書いている姿をみたことはない。自分のことはあまり語らない母は、私には「ただの母親」だった。電話で一番たくさん聞いた言葉は「ごはんは食べたの」だ。今となってみれば、どうしてもっと母の人生について聞いておかなかったのかと、「孫戸妍プロジェクト」を進めながら後悔ばかりだ。あのとき目の前の仕事に忙しかった私に、母が自身の価値や短歌の背景を語っていてくれればどんなによかったろうかとも思うが、こちらに聞く姿勢がなかったから話さなかったのだ。

北出氏は小泉元首相が日韓首脳会談の演説で母の平和の短歌を詠むや、孫戸妍の二冊目の伝記を出しもした。京都を訪問して中西進先生（日本の新年号「令和」考案者と目されている）のお宅にとどまりながら聞いたという、別れを前にして二度と会えないかもしれないと駅前で泣きわめいたという話と、小麦粉から抽出したグルテンでつくった麩料理の話が印象的だった。後年、私も中西先生と京都の麩料理の老舗「半兵衛」を訪ねた。最近アメリカで植物性タンパク質で肉の味をだす代替肉が話題になっているが、そこでは一六八九年から麩をつくっている。

東京の話としては、千鳥ヶ淵の桜が忘れられないというのが心に残った。春になるとすぐにそこに向かった。千鳥ヶ淵は皇居を囲むお堀の一部だ。東京での滞在先は常にその目の前なのに、なぜ今まで知らなかったのだろう。お堀はとても大きいので歩くのもたいへんだ。

お堀の両側に古い桜の木が長く続いているのが壮観だ。東京で会うことになっていた三つのチームのメンバーと、夜のライトアップも含めて一日に三度も見に出かけた。一番の見ごろはわずか二三日。混雑は必至だが、無理なく二キロほど散歩道を歩いた。あまりの美しさのためか、皆、美しいという言葉を忘れてしまったかのように静かに歩を進めた。その眺めも眺めだが、七〇年前に母がみたその眺めを、娘の私が今こうして眺めていることが感激を深くした。

三四時間は待たねばならないボートはあきらめるしかないが、ピンク色の滝が水面に落ちるのを背景に魯をこぐシーンは映画よりも強烈だった。

まずは歌で表現する母は、その瞬間何を思い、圧縮されたその思いをどんな歌にしようとしただろうか。

つらつらと考えてみる、東京は千鳥ヶ淵の春の散歩だ。

詩で先に表現した母
その瞬間どんな詩がひらめいただろう
千鳥ヶ淵　千羽の鳥の沼
風雪を乗り越えて花は咲く

草津の春

日本の群馬県草津をついに訪れた。

昨年、事故で大学病院に入院したとき、誰かが持ってきてくれた朝鮮日報の週末セクション全面に日本の真っ黒な温泉のことが出ていた。大学病院への入院は初めてで居心地が悪く、息詰まりそうで、すぐにでも退院してその温泉にいられるだけいてみたいと願った。

そんなある日、二〇余年前にアメリカから帰国した当時、韓国にうまく定着できるようにと私のために祈り、何かと気にかけてくれながらもずっと会えなくなってしまった先輩がお見舞いにきてくれた。その温泉の話をすると、ハ・ヨンジョ牧師の終焉の地がまさにその草津で、没後に夫人が『草津の春』という本を出したという。後で読んでみると、ずっとそばにつきそっていた方にしか書けない感動の手記だった。

その先輩の導きで、帰国後の私もオンヌリ(天地の全ての意)教会に一〇余年通い、ハ牧師の健康のためにたくさんの信徒たちが祈り、冬には暖かいハワイに転地療養していたのは知っていたが、そ

んなに長く草津で過ごしたとは初耳だった。

島国日本はどこにいっても温泉が湧いているが、治癒を目的とする温泉が別にあることを知ったのはそう昔のことではない。母の歌碑が立つ青森にもそうした温泉がいくつかあり、草津もその一つだと聞いた。

東京から電車二回とバスに乗り換え三時間かかるので、往復ではずいぶんな道のりだ。日帰りは無理なので、私のファンだという日本のAmi母子とともに一日温泉旅館に泊まった。

三月末、もう春だと思って訪れたそこは東京よりも北にあり、雪が積もっていた。日が射していても山から吹き降りてくる風にその雪がときおり舞い上がった。スキーで有名なところなのだ。人口は三千人だが、温泉に来る観光客は年間三百万人。千倍もの数字だ。

温泉街の中心に湯畑が広々とつらなり、一日の湧出量はドラム缶二三万本分(毎分三二、三〇〇リットル以上)で日本最高。湧き出る温泉が滝となって流れる姿は壮観だ。足湯があり、あちこちの浴場と公演会場には長い列ができていた。

江戸時代の武士たちは怪我をするとここを訪れたという。一八七六年 ドイツから来て東京医大で二六年間、病理学、内科 婦人科を教えたエルヴィン・フォン・ベルツ(Erwin Von Bälz)博士が、草津温泉の優秀さを世界に知らせたことで有名になった。

皮膚疾患や外傷結膜炎などに対するさまざまな効能があり、「恋の病」以外は全部よくなるというのが地元民の言葉だ。蒙古斑の名付け親も彼だ。日本人の好きな温泉一位。

行きたい温泉一位に選ばれている。日本三大名泉は下呂、有馬、草津だ。

草津は高地　海抜一二〇〇メートルで、当地の野菜はその山でとれたものだ。滞在時間が短く行けもしなかったが、白根山とスケールの大きい高原には多彩なハイキングコースがあるという。

人生は生産と勤労だけで成り立っているわけではなく、レジャーや観光はますます繁盛しているのが世界的趨勢だが、旅館や商店など江戸時代からの痕跡が残っており、古の文化の情緒も感じることができる上に、上質の温泉まで湧いているのだから、この小さな温泉街の名が轟いているのも無理はない。

ハ牧師の義理の母は、昔私の母とともに東京に留学した仲で、母が少しでも体調が悪いと駆けつけて祈ってくださった。

長年とても苦労された牧師様が最後にここで休養したという思いと、神様はなぜいい人を先に連れてゆかれるのだろうという思いが胸をかすめ、透明なあの空にその方の純朴な姿が浮かぶ。

奥道後に汗をぬぐって

今、久しぶりの日本は四国の松山です。

一般的な休暇や猛暑のためではありません。

過去数年、他国での勉強とその記録の執筆、本と映像ドキュメンタリーの制作に追われた日々を過ごし疲れがたまっていました。自分自身へのご褒美に真っ青な地中海でも見せてあげたかったのですが、まだ遠くへは出かけることができないので、近くをあたってみると、八月はどこにも飛行機のチケットがとれませんでした。そのときようやく今が休暇の季節だということに思い至りました。

昨年一月に事故で突然入院して毎日慟哭していたころ、ある新聞に出ていた温泉の写真と記事を希望に、病院の無色の壁に貼り付け、一日も早く飛び出して、入院していただけの期間、熱いお湯につかって、気を滅入らせたものどもを溶かしてしまいたいと思いました。

毎時間′坊ちゃん′の登場人物の人形劇が繰り広げられる温泉前の時計塔　－　松山 道後

長く体を洗えないことにも耐えた見返りとして得たものが、日本の四つの島のうち最も小さな、南国四国の松山訪問でした。

人口五十万の小都市松山は、足を痛めた白鷺が岩から湧く熱い湯に傷をひたすと傷が治って飛び去ったという、温泉街であればどこでも聞ける話があるところです。歴史が三千年を越える、日本の数多くの温泉のうち最も古い温泉であり、たぶんここが白鷺伝説のオリジナルであり、他地域のものはこれを真似したものではないかと思われます。そういえば韓国にも道後温泉がありますね。

松島は、千年以上も昔、天皇が道後温泉に寄られたことが今なお話の種であり、さらには東大教授だった日本現代文学の父「夏目漱石」が、中学の英語教師としていたころに「坊ちゃん」という全世界数百ヶ国語に翻訳された小説を書いたところであり、十七音節の詩である俳句を革新した「正岡子規」の故郷でもあります。先進国では、ある小さな町に行っても、こうした人文学的ストーリーが大切にされ、人々の胸に刻まれているのを見ます。

世界中で翻訳された数百種の′坊ちゃん′が見れる
夏目漱石文学館

私が何日か泊まった「奥道後」は、道後から三十分ほどのところにあります。山の中に古びたホテルが一つあるだけで、これといった文化もありませんが、有名な道後温泉よりも水質がよいことが自慢です。

出発の瞬間まで日常に追われ、天気予報を見もせずに来たら、関東の東京地域から広島、岡山といった最近の豪雨被害地を経て、ここ四国まで豪雨に台風と、夜通し退避ニュースが騒がしいです。それを見ると、翌日には台風で何ヶ月も待ってきた私が、どこかへ吹き飛ばされてしまうそうでしたが、朝目をさましてみると、二三時間雨が強く降ったには降りましたが、森に日が射し気温が下がり、ちょっと涼しくなったのが全部です。

私が会ったフランスの国民医師サルドマン(Saldman)の言う健康の秘訣をみると、ひと月に十二回以上交われなどというものもありますが、なじみ深いところとなじみ深いものから立ち去れという文句が目を引きます。

大根のように切ることができない日常を切り、なじみ深いものから去って来ましたが、スマートフォンまで捨てる勇気はありませんでした。しかし、考えてみればそれは、なじみ深いものの最もたるものであり、地球のどんな奥地に行ったとしても、捨て去ったはずのあらゆる親しみあるものを連結するものです。

いえ、この地球を去った後でさえ、直につながり合う何かを私たち人類は必ず作り出すだろうという気もします。

だとしたら、実現可能な健康の秘訣とは何か、生きるとはどういうことか、目まぐるしく変化するこの世で、私たち人類ははたしてどの方向に向かうべきなのか、思い巡らしながら森の中の清浄な水にひたる夏の盛りです。

十年の汗を道後の温泉に洗へ

子規の俳句

'坂の上の雲'

三年間NHK大河ドラマの背景となった坂の上の松山城

真冬の白川郷

日本に行く前には、勉強の合間合間に旅行もできはしないかと期待していたが、学校についていくのに忙しく、思い通りにはいかなかった。わたしの詩に日本の作曲家が曲をつけ、東京で二千人規模の音楽会が二度もあったのに、それにも行けなかったほどだ。

九科目に及ぶ秋学期全体を範囲とするすさまじい量の期末試験を終えて、やっと息をつくことができた。電車で二時間ほどの距離でならどこがいいだろうかと考え、小さな都市に規模のある美術館ができてからというもの観光客が押し寄せるようになったという金沢や、友だちが推薦する町全体が温泉という城崎のことが頭に浮かんだ。

久しぶりに朝、テレビを見た。週末の旅行地を紹介しており、岐阜県の「白川郷」が目についた。合掌造りという古く独特な茅葺家屋が集まっている集落で、ユネスコ世界文化遺産でもある。韓国のテレビや新聞でも見たことがあり常に関心があったが、その村の名前が思い出せなくて、ここの人々にも聞いてみたが、日本には世界遺産がたくさんあるせいか、はかばかしい答えが得られなかった。

ちょうどそんな折に、まさしくその場所がテレビに出るとは不思議なことだった。そんなときは神さまがわたしの心をお読みになったのだと思った。すぐに京都駅にいき、JRに乗って金沢に向かった。そこで白川郷に行くリムジンバスに乗らなければならない。バスは予め予約が必要とは聞いていたが、一日に路線も多いのでまずは電車に乗ってからバスを予約しようとしたが、終日満席で白川郷の宿泊施設も全て予約済みだという。胸がどきどきした。電車は既に走っており、下手をしたら野宿するはめになるかもしれない。

しかたなく金沢で降りて一日泊り、レンタカーを借りて白川郷に向かった。雪に覆われた高い山脈を眺め、その前を流れる真っ青な川にかかる橋を渡ると、写真で見たあの有名な茅葺屋根の家が百軒ほど大小あまたに入り混じって雪をいただいて立っていた。長い歳月外部世界と断絶されてきた山岳地帯に広がる昔の集落が目に眩しい。

どこも六〇度の傾斜をもつ茅葺屋根の家だが、ススキを積

み上げた茅葺屋根は防水装置がなくても雪や雨でも水を漏らさないという。昼食のためある家に入ると、その中があまりに広い上に、四、五階建ての高さがあって驚かされた。昔の所帯道具を展示した茅葺の博物館と茅葺の茶店も興味深かった。冷たい床の間の真ん中におかれた囲炉裏を囲んで座り、熱い茶を飲み、昔の人が起居した二階と三階の寝間と台所、そしてお仏間をのぞいた。

あちこちに列をなす中国人たちを見ると、何度電話しても部屋がとれないことの理由がわかった。観光を始めて間もないのであれば、ソウルのように大都市である東京や京都、大阪に行くのが定石のはずだが、日本のいくつかの地域で既に中国人たちは沸き立っている。それは中国人たちが日本の地方の名所をたくさん訪ね歩いているという意味でもあるが、日本がさまざまな地域を訪ねて行けるように、便利な交通便やビザの緩和、食べもの、見どころ、親切が溢れるサービス等、観光に心血を注いできたという意味でもある。

安倍総理を中心に熱意と精誠を込めて観光を強力に押し進めており、各国の外国人専門家たちが自身の国の人々の旅行の特徴を語り、遠くからの観光客は二週間以上とどまり、近隣国家からの観光客は二、三日とどまるという統計結果をもって深層討論しているのもテレビで見た。

その度ごとに韓国のことを思わないわけにはいかない。韓国にもソウルの北漢山はもちろん、江原道の秀麗な渓谷、南海の美しい島等、いくつかの地方に隠れた魅力があるにもかかわらず、それにふさわしいスケールで知らせることができていないことが悔しい。わたしが知っているたくさんの日本人はソウルに来ると扶余に行きたがる。彼らの遠い先祖の生きた、その根を訪ねようというものだが、交通や観光インフラはあまりに残念だ。

韓国に来る中国人の水準とお金を使う額数も日本とは差があるという。しかも、韓国人は日本に一度だけ行くのではなく何度も行くのだから、韓国を訪問した外国人も再び訪れてくれることを願いつつ、安いから行く国ではなく、どんなに高くてもぜひ行ってみたい国になるように、ひとつひとつ作り上げていく努力が切実に求められる。

空気が特に爽快な白川郷は四季それぞれが素晴らしいというが、傾いた茅葺屋根の家が白い雪に覆われる冬が一番有名だ。桜を詠った詩碑が立ち、趣のある水車ときれいな水の温泉が山に隠れている。
そこに住む人に一年のうち七ヶ月が寒いこの山の中の谷間になぜ住んでいるのかと聞くと、空気と水があまりにきれいで都市には出ていけない、「住めば都」だといった。村を壊し現代式の建物に変えることなく、寒さと不便さを甘受して長い歳月その命脈を保ってきた特異な人生と純朴な心を見つめながら、ここを訪れる人々とわたしは何を学び感じなければならないのだろうかを考える。

詩を詠むタクシー運転手

東京に到着して羽田空港を出ると、最初に接する日本人がタクシーの運転手だ。どこであれ初めて接する人の印象は大きいものだ。

韓国にもずっと以前にあったトヨタクラウンの大型タクシーの後部座席が自動で開き、帽子と端正な制服を着た運転手が車から降りて深くお辞儀をしてくれる。四〇分ほど市内を走る。車の中もずいぶんきれいだが、運転手の声の音量や姿勢、車の中の雰囲気がこの国の雰囲気を見せ始める。

最近は空港からすぐに地下鉄が繋がっていて早いので時間も節約できるが、小さいながらも手荷物もあり、本論に入る前に知らない人と負担なく一言二言交わしながら、雰囲気をさぐることを選ぶようになる。最近東京で変わったことは何ですかと話しかけると、知っていることを落ち着いて話してくれる。それをみていると一番近いお隣の国とはいえ、ああ、私は外国に来

たんだなあと感じさせられる。

韓国から来たことがわかると、様子をみながら「朴槿恵大統領はほんとうにあんなにたくさんの賄賂を受け取ったんですか?」と尋ねてくるので、この国にこれまで伝わっている韓国のニュースを知ることもできる。

在日僑胞のユ・ボンシク氏が創業し、経営するMKタクシーが親切なことで有名で、一時はその成功神話が韓国のテレビドラマやドキュメンタリーでも広く知られて騒がれた。三〇年が過ぎた今、どんな影響があったのかとも思うが、日本は特にMKタクシーだけでなく、どのタクシーに乗っても同じサービスだ。

何年か前には本当にお世話になった。

公園の近くで香ばしい匂いがするので近づいてみると焼き芋だった。列に並んで待ち、中が黄色い焼き芋を受け取って財布を取り出してお金を払い、危うげに両手に抱えてタクシーに乗った。ところが、新宿に到着して財布を出そうとするとどこにもなかったので慌ててしまった。焼き芋を買ったときのことを思いだした。

まずはタクシー料金が心配だったが、今後何日間かは泊まるつもりだったので狼狽してしまった。事情を知った運転手が元きた道を引き返して近くの派出所に連れて行ってくれた。三〇分間程の出来事だったが、もう誰かが私の財布を届けてくれていた。何かを失くしたら派出所に行けばいいことすら知らなかった当時、財布が返ってきたことにも驚いたが、運転手が自分のことのように全心をつくして手伝ってくれたことに驚かされた。まさにお世話になったのだ。

京都でもときどきタクシーに乗る。東京は基本料金が七二〇円、京都は四二〇円だ。

読みたいという。挨拶がわりのお世辞程度に考えていたが、ほんとうに熱情的に読みたいというので、何度か私の短歌集を手渡したことがある。彼らは今電子メールで私の発信するエッセイを受け取っている。

目的地に連れて行ってくれるだけだと思っていたタクシーの運転手が親切なのはもちろん、短歌をそらんじていることに感動しもしたが、一番感動させられたことは他にある。

二〇一一年、日本を巨大な津波が襲ってからしばらくして、京都を訪ねたことがある。宿泊先のねねの道にある旅館から出ると、普段はなかなかつかまらないタクシーが列を作っていた。

津波で原発事故が起きた福島は、京都からはあまりに遠い。ヨンさまに惚れこんでしまった旅館の女将さんは「京都は福島とは距離も遠くて関係もないのに、ただでさえ閑散期で予約も少ないこのときに、全部空き部屋になっちゃって」とこぼした。タクシーも何時間か待機している様子だが、先頭のタクシーに乗り込もうとすると、後ろのタクシーがみな私を見つめているようで、すまない気持ちがした。

運転手に、「突然の大きな災難でお客さんも少なくて大変ですね。ずいぶん待機していたようなのに、かえってすみませんね」と言うと、「いいえ、とんでもない。こうして乗っていただけるだけでも本当にありがとうございます」としばらく腰をかがめた。真心が込められたその態度。乗ってくれたことに対する感謝の心、数多くの国民を失ったことに対するもどかしさ、生きていることへの申し訳なさが、その姿勢と表情に読み取れて感動した。

「冗談じゃない。ここ何ヶ月かアリ一匹もいやしない」とあたりちらして当然なのに、泣き言ひとつ言わず謙遜で、ただただ感謝するその姿を今でも覚えている。これこそがサービスする人の基本であるだけでなく、人間が生きていく姿勢の基本ではないかという思いをぬぐうことができない。

さて、私たちはどうだろうか。

私はソウルでは運転しないので、近くに行くにも主にタクシーに乗る。まず、運転手は政治と社会の動向に詳しく関心も高い。家が光化門の近くだからだろうか、自然と政治の話、社会の不合理な話が出て共感しもするが、少しでも気が合わないところが見え始めると、荒々しい主張をまくしたて、車に乗っているだけなのに罪人のような気にさせられる。

服装も満足できるものではなく、高尚な方もいるが、荒々しい態度が目につくので静かにしているのに越したことはない。西村は数十年暮らしてきた町なので当然のように「中央庁の方まで」というと、中央庁なんて初めて聞いたという運転手がいるかと思えば、南大門、東大門を知らないものもいる。中央庁は昔の言葉なので仕方ないとしても、南大門を知らずにどうやってタクシー運転手をしているのかと聞くと、ほとんどが「こっちに出てきて一ヶ月にもならないんで」と言う。サービス教育を受けているようでもない。最近はナビゲーションがあるので迷うことがないのは不幸中の幸いだ。

例えばこんなことがあった。関西空港や羽田空港から飛行機に乗り、金浦空港で降りるとタクシー乗り場に行く。列に並んで待ち、順番になって乗り込むと心が落ち着く。しかし、一〇分ほど走ったところで運転手が「ちぇっ、二時間も待って乗せたのに、近場じゃあどうにもならん」とこぼした。京都で何日か接した丁寧さに少し慣れてきたころだったので、「乗るときに言ってくれたらよかったのに。こんなに走って今さらそう言われてもどうしようもないじゃない。降りることもできないし」。

順番がきて、乗せて走り出したはよかったものの、我慢しきれずにこぼした言葉だったのだろうが、私としては家が大田や原州でない罪で針の筵に座っているようだった。針の筵は思ったより長く続き、二五、〇〇〇ウォンといえば安くはないのに、少し色をつけてあげても機嫌は悪いままだった。帰国してタクシー乗り場に並ぶと、そのときのことを必ず思い出す。

自然と、以前何日間か客としてもてなしを受けて乗ったタクシーは模範中の模範だったろうかと、そんなことを考える。日本には模範の区別がない。アメリカのように計算してチップを渡すこともない。

もうすぐ東京オリンピックだが、先進国の人々に不満なことのアンケート調査をすると、「タクシー料金が高い」が一位だったという。そのため、東京の基本料金も四二〇円になった。

韓国の運転手に、なにかの拍子に日本のタクシーの話をすると、あそこはタクシー料金が高いからそうできるんですよ、と言う。今や韓国の基本料金も三八〇〇ウォン、中型大型の黒いセダンの模範タクシーは六〇〇〇ウォンだ。大差はない。しかし、顧客が感じる見えない差は大きい。日本でタクシーに乗った外国人が韓国でタクシーに乗ることを考えると目が眩みそうになる。初めて接する人がタクシーの運転手だからだ。

こんな話をすると、「日本がいいという話ばかりして」と言われるかもしれない。しかし、数ある先進国の中で、世界的な時事週刊誌TIMEが「世界最高の企業一位」に日本のタクシーを選び、その記事はハーバード経営大学院の教材になった。日本は新幹線が終点で止まっているわずか八分の間に長い新幹線の全車両を完璧に掃除する国だ。まさにその国のすぐ隣に私たちが住んでいる。

だが、考えてみれば私たちすべてが誰かにサービスをしなければならない存在だ。人のことを話している場合ではないのかもしれない。

コラムと記事

母の遺言

切実な望みが一つ吾れにあり諍いのなき国と国なれ

これは二〇〇五年に日韓の葛藤が韓国全域で高潮したとき、ソウルの青瓦臺（大統領官邸）における日韓首脳会談の冒頭、そして会談後の外信記者会見で当時の小泉純一郎総理が演説に引用した短歌です。

歌人は大韓民国唯一の短歌歌人である孫戸妍、私の母です。

母は日帝時代のソウルで進明女子高を卒業するや、朝鮮の最後の皇太子妃である日本人の李方子女史によって一九四一年に東京に留学しました。一七歳で東京帝国女子専門学校に留学した母の専攻は家庭学でしたが、歌人でもあった担当女教師が教養として短歌を教え始めると、最初から才能を見せた少女孫戸妍を当代の詩聖佐々木信綱先生の元へと連れて行

孫戸妍の平和の詩を詠んだ韓日首脳会談 - 2005年 6月

きました。

もののない時代にクリームスープをご馳走してくださりながら、師は母に二つの約束をさせました。一つは日本を真似ることなく、あなたの祖国朝鮮の美しさを歌いなさいということ、そして、作歌を途中で絶対放棄しないこと。

それを見ると芸術家はやはり違うと思わされます。日帝の強制占領時代、言語を抹殺しようとし、祖先から授かった姓を変えさせ、意識を洗脳しようとした時代に、日本の一流の芸術家は朝鮮からきた幼い学生に、私の弟子になろうとするなら朝鮮の美しさを歌わねばならないと、祖国を守ることを教えたのです。

何年か師事した後、佐々木先生の推薦の辞をえた初の歌集「戸妍歌集」を東京の講談社から出してソウルに帰国し、母を除いた全部が日本人教師で学生の大部分も日本人だった舞鶴高等女学校で家庭学を教えるようになります。慣れ親しんだ短歌はもちろん作り続けました。

そして一九四五年八月一五日、校内放送で日本が降伏し終戦になるという言葉を聞くことになります。

寄り処無き職員室の片方にて瞬時に変る歴史を思う

寄この民が無口のままに従いし汚辱の日をば見極めし無窮花

待ちに待った解放の日が来たのです。駆け出したくなるほどの喜びでした。しかし、いくらもしないうちにおそれを知らぬ十代に東京で学び心を表現してきた短歌は、国内ではふさわしくないのではないかという思いを抱き始めました。敵国の言語で作ることに対する非難と罪悪感のためです。

幼くして身についた言語を抜き取ることができるわけではありませんが、何よりも自身の才能を惜しんでくれた師との「途中で放棄するな」という約束を守るべきか、ほんとうの愛国者であれば捨てるべきだろうか、母は半世紀以上にわたって毎日毎瞬間ひどく葛藤したと綴っています。

そして一九八〇年、東京の成城大学院で古典文学である万葉集を研究する中で中西進先生に出会います。最近令和の元号を考案した学者として脚光を浴びた万葉集研究の第一人者である中西先生は、韓国歌人との初対面で「短歌は百済から一三〇〇年前にきたものだから、よい短歌をつくろうと思うのなら、まず韓国扶余の白馬江をみてきなさい」とおっしゃったそうです。

そして、ああ、そうか、ならば朝鮮半島から消えた短詩を千年後に日本で学んだ自分は、韓国の詩の歴史を再び韓国につなぐことになるのだと気づいたのでした。

大いなる歴史の中に吾れもいて疎ならぬ吾が命かも

半世紀を越える葛藤と緊張の心が和らいだ母は、さらに邁進して韓国の国花である「無窮花」というタイトルの歌集を五冊出すことになります。「祖国への愛と東アジアの平和」を願う歌に感激した日本の読者は青森県の六ヶ所村に韓国歌人の「歌碑」を建て、短歌を詠む天皇からは陪聴人資格で宮中歌会始に招聘され、晩年には日本制憲国会等からの講演依頼がひきもきりませんでした。

無慈悲な日本帝国主義の強制占領期により、三一音節の伝統詩である短歌の卓越した韓国歌人が誕生したことは歴史のアイロニーです。イギリスの無慈悲なアイルランドに対する植民統治が、ウィリアム・バトラー・イェイツ、オスカー・ワイルド、ジョージ・バーナード・ショー、シェイマス・ヒーニーのような英文学史に光り輝く名を輩出させたことが歴史のアイロニーであるように。

異なる点があるとしたら、アイルランド作家が敵国の言語で作品を書いても、祖国のアイルランド人たちは喜び歓迎したのに、歌人孫戸妍の一生はそうではなかったことです。

母の生涯にいまさらながら触れるのは、凍りついた昨今の日韓関係を思うと、母の娘として胸が痛いためです。日本の侵略と植民地、それに続く民族同士の戦争と避難生活、近現代史の逆境の生涯を全身で受けとめながらも、ひたすら平和のみを願い続けた「母の遺言」を思い出したためです。

東亜細亜の涯の国に生ひたちし吾ひたすらに平和を祈る

韓国政府の招聘によりそれまでのアメリカ生活を終えて帰国して二〇年以上、日韓の葛藤を私は何度か目撃しました。冒頭でも触れた二〇〇五年の日韓首脳会談のときでさえ、今よりましだったということはありません。「日韓友情の年」を二人の首脳が宣布したにもかかわらず、韓国全域にデモが起きたことを記憶しています。

しかし、今回は歴代最悪となりました。

日韓関係がこんなことになるまで、たくさんの専門家や日本通の外交官たちが苦言を呈さなかったわけではありません。予告されていなかったわけでもありません。

実際はアメリカ通なのになぜか日本通にもなってしまった私も、なんらかの足しになればと言葉や文章をつづりました。韓国の安保や対北朝鮮関係を試みる際、「ジャパンパッシング」は絶対にいけないと再三語ってきました。

本格的に心配しはじめたのは昨年の冬です。テレビで平昌冬季オリンピックを見ました。開会式では韓国の大統領をたくさん映していましたが、すぐ後ろのキム・ヨンナム、キム・ヨジョン(北朝鮮関係者)を振り返って気を遣うのに忙しく、やや離れて座っている安部首相に握手するわけでもなく、視線を送るわけでもないのを見て心配になりました。実際にはどうだったか知りませんが、画面に映されたものから判断するとそうでした。

一国の主としての権威をもつ彼もまた人間であり、全く平気ということはないだろうと感じました。なので機会があるごとに「私の知る日本人は小さなことに気を遣ってあげるとその恩を忘れない。南北関係に熱を上げるにしても、アメリカ、中国だけでなく日本も必ず一緒でなければならない」と語りました。

何年か前、サムスンが世界一位になるや、ある重役が「ソニーがサムスンにはとてもついていけないと言った」といばっているのを見たときも心配でした。当時から日本でベンチマーキングしてきましたが、望みさえすれば反撃しえる彼らの底力を知らずにいたからです。表には出さずとも、日本人が内では苦々しい思いでいることがその雰囲気から感じとられもしました。

それゆえに来るべきものが来たと思いました。この渦巻きの中で心を落ち着かせて考えてみます。

より大局的な見方ができない日本政府には息がつまる思いです。

侵略などしたこともない善良な民族に、一五九二年の文禄の役、それに続く慶長の役で襲いかかりました。東洋の平和をなすといって一八九四年に清国と朝鮮で戦い、朝鮮を飲み込もうとしているとして一九〇五年にはロシアとも戦い、勝っては乙巳保護条約を通し、ついに韓国を併合しました。

そうして三五年間、この国を占領し言語と意識を抹殺しようとしました。人に絶対迷惑をかけないという民族が、迷惑をかけました。ところで、韓国がかけた迷惑は何でしょうか。強制徴用賠償判決でしょうか。謝罪ならもうしたということでしょうか。

終戦後に生まれた私は日本の歴史も日本についても学んだことがなく、三・一一の東日本大震災と関連して出した私の日本語詩集をきっかけに、日本にスピーチに行くたびごとに恥ずかしい思いをしたので、最近日本の大学で少し勉強しました。二千年続いてきた両国の歴史と深い縁に驚きました。問題があるとすれば、それは両国が互いの歴史を知らずにいるということです。韓国歌人である母の日常は物静かなものでした。生前、帝国主義日本の占領期の苦痛や苦難に対する恨みなどは聞いたことがありませんでした。しかし、一九九九年に東京の母校の百周年記念に招かれてした特別講演の原稿の中に、こんな文章を見つけました。

「講演が終わるとソウルでともに小学校を卒業した日本の同級生たちが近づいてきて、昔の過ちを謝るために来たといって、丁寧にお辞儀をした。私を差別した彼女たちに対する数十年前の意識が雪解け水のように流れさり、これまでの民族対立にもぱっと窓を開け放ったような瞬間だった」

母は赦す人でした。そんな人の心にもこんなしこりがずっとあり続けていた事実と、きちんと謝罪され、それを受け入れたなら、心は解き放たれるものなのだということに今さらながら気づかされました。

隣いて胸にも近き国なれと無窮花を愛でてさくらも愛でて

そして歌人は、自身の祖国と青春をおくった日本が争わずに近しい存在でいてほしいという心を、このように一行で表しました。

この「愛でて」という言葉を選んだ母の深い心情を私はようやく理解することができます。占領期に受けた差別と傷、韓国内の教育でもハングルを学べなかった痛みは大きいですが、私には恥ずかしがりやにしか見えない母が、「愛でる」心をもって不和を止めようと、瞬間的に決断する勇気を出したものだと思います。

そうです。結局は心、結局は決断です。

この凄まじい津波が過ぎ去ったとしても、この先またこのような津波がないという保証はありません。だから政府はもちろん、私たち国民各自がそのような心を持つことを固く決意しなければなりません。

ますます狭まりゆく世界、三〇世紀、四〇世紀にもともに生きてゆかねばならない、すぐそばの隣人同士であることを、私たちはもう認め合わなければなりません。そして、私たち日韓両国が真に和解したことを全世界に知らせなければなりません。

諍いのなき国と国なれという母の遺言を、それゆえにこそお伝えします。

日本　民団新聞　二〇一四 年八月 一五日

李承信　「韓日関係を思う」

切実な願いが一つ吾れにあり諍いのなき国と国なれ

植民地時代、一七歳で日本に留学し、短歌を学び、二〇〇三年に息が切れるまで第一線で活躍した韓国唯一の女流歌人、孫皓淵(ソン・ホヨン)は一生、韓日間の愛と平和を心から願った。孫詩人の精神を受け継いだ長女の李承信(イ・スンシン)詩人の韓日国交正常化五〇周年を前にした韓日関係についての考え方を描いている。

◇　◇　◇

切実な願いが一つ吾れにあり諍いのなき国と国なれ

この一行の歌は、歌人孫戸妍の切なる思いを込めた歌として、盧武鉉大統領と小泉純一郎首相の青瓦台での首脳会談の中で、そして会談後の記者会見でも詠まれて、その精神が語られました。

歌人が世を去って1年後の二〇〇五年の初頭、ソウルで「韓日友好の年」が宣布された際に聞いた盧武鉉大統領と日本の代表として来られた森前首相の素晴らしい演説に、歌人の平和精神がそこに宿るならば完璧なものになるだろう、という思いがすっと心をよぎりました。

ところが、すぐに独島をめぐるデモが連日起こるようになり、韓日友好の年が色あせてしまいました。

心配のあまり、同年六月二〇日の韓日首脳会談に先立ち、盧武鉉大統領に孫戸妍の平和精神と歌をお伝えし歌人の切なる願いをお話ししました。日本側へは歌人の伝記を著した日本人作家と衆議院議員の方を通してお会いした森前首相に歌集をお渡ししたのですが　彼は歌集を当時の小泉首相にも伝達してくださったのです。小泉首相が間に立って下さった衆議院議員の方に電話で歌集のお礼をなさったということを聞き、首脳会談での言及があるだろうと直感しました。

9年前のその瞬間が思い浮かぶのは、その時の韓国におけるデモが大変なもので、マスコミの影響で全国が何カ月も沸き立っていたにもかかわらず、今ほど最悪の韓日関係にまでは至らなかったためです。

私は今、歌人の娘として、重い心でこの一文をしたためています。

日帝時代に生まれた母は、多くの差別と痛みと傷を受けたにもかかわらず、お互いに葛藤なく平和に暮らせたら、という気持ちを生涯持っていました。

地球上のどの国であれ、近い隣国と問題のない国はないでしょうが、私たちのもっとも近い隣国との地理的・歴史的関係から引き起こされた事柄は、今や国交正常化後もっとも長いざらついた期間となり、植民地時代の経験のまったくない私の胸も押さえつけています。

歴史認識、独島領有権、慰安婦問題、日本の集団的自衛権行使の問題などにより、韓日関係が一歩も進まなくなっています。

日本の安倍政府は、問題があれば会って対話しようという意思を伝えており、韓国の朴大統領は、お互いの視覚の違いだけが浮き彫りになるなら会う意味はない、という立場です。

何よりも悲しいことは、以前にはすこしばかり反感があっても、国民たちはそんなことは政治家たちの事情に過ぎないものと見なして、それほどぎすぎすしてはいませんでした。しかし今は、そうした関係がだんだん長引いて、嫌韓だとか反日だとかいう語彙とともに、国民の気持ちが沈んでしまったことです。

3年前、東日本に大地震が起きたとき、私は驚きながら、韓国人として日本の宮中歌会始に招かれ、日本の読者たちの手で青森県に高い歌碑を建てて頂いた母がもし生きていたら、どんな言葉で慰めたであろうかと思い、二〇〇余首の私の短歌集を韓日両国で出版したことがあります。

それがきっかけで、毎年三月一一日に最大被災地の宮城県気仙沼に行き、歌の朗読とスピーチを行ってきましたが、人々が感激して、「韓国国民の気持ちは両国政府の気持ちとは違うんですね」と言っていました。誤解が解けたような、韓日の良い関係を願う彼らの表情に、かえって私が感動と力を与えられました。

日本の人口の5分の3以上が一四〇〇年前に海を渡ってきた百済人の後裔だということを日本の専門家から聞いたことがあります。

経済、安保、政治、どれも重要ですが、何よりも同じ血を引く血縁だと思うとき、誠実と愛情のある良い関係を一日も早く持てるよう願うばかりです。

隣いて胸にも近き国なれと無窮花を愛でてさくらも愛でて

母が逝ってから、日本の出版社の方に聞きました。

私が韓国語への翻訳版で「보다듬고」と訳した「愛でて」という言葉には、「庇う」「耐える」「かわいがる」「抱擁する」「許す」「嫌いでも会って抱きしめる」「愛する」など、さまざまな意味が込められているのだそうです。

歌を解説してしまえばその独特な意味が飛んでしまいますが、その豊かな意味を帯びた「愛でて」を選んだ母の深い心持が私には分かるような気がします。

いかなることであれ、人のすることです。

そうであれば、何よりもまずは心が無ければなりません。

たやすいことではありませんが、そういう気持ちを持とうと歌人は心に決めたに違いありません。

つまるところは心です。

両国政府はもちろんのこと、国民もそのような気持ちを持とうと心に決めて、韓日修好五〇周年の来年を意味深いものとして迎えることを祈ります。


痛む過去わだかまりを捨て求めるは互いを称える大人の平和

李承信

中央日報

二〇一八年七月一四日

INTERVIEW〔ペ・ミョンボク コラムニスト〕作家 李承信

ペ・ミョンボク
コラムニスト
大記者

ジャパンパッシングは韓国にも損… 米・中ほどに日本も必要

初夏のひとすじの風のように彼女は私の前に姿を現した。どことなく涼やかさが感じられた。録音機の上に彼女の言葉のひとかけらが破片のように散りばめられる。思考の速度に言葉がついていけないようだった。白と青があわただしく交差する陽ざしのもと、夏の木の葉は緑したたり、どこからか鳥の声も聞こえた。二時間半がたちまち過ぎた。

人はおよその仕事に規定される。仕事がその人を定義する。李承信。詩人にして随筆家、本を書いて直接出版までするので著述家兼出版企画者であり、テレビ放送にもかかわっているので放送人でもあるが、質問と答えの果てに李承信を枠にはめて規定することは無意味だと感じた。彼女にとって文字や言葉は道具に過ぎない。小さくは韓国と日本の友愛、大きくは世界平和を具現するための手段であるに過ぎない。『平和運動家』が彼女にふさわしい呼称かもしれない。

李承信は、「京都に行けば朝鮮半島から海を越えていった祖先の手が感じられる」とし、「自身の文化として昇華させた日本人の努力にも頭がさがる」と語った。

写真 - キム・ギョンビン記者

日本人は心を高度に重視

発端は日本の古都京都だった。十数年前、私は京都を二泊三日で訪問する機会があった。そのとき受けた印象はあまりに強烈だった。それで「二〇〇五年五月京都の思い出」というコラムも書いた。

一ヶ月前に運命のように私の手元に舞いこんだ一冊の本が、かすみかけていた京都の思い出を呼び起こしてくれた。

李承信は最近、京都の同志社大学での晩学で古典文学を学び、そのとき体験した京都を『なぜ京都なのか?』という本にまとめた。それを読んであちこち聞きまわって連絡先をつきとめ、インタビューの約束をとりつけた。割り当てられたロッカールームを使ったあとさえ残らないようきれいにかたづけていったロシアワールドカップのサッカー日本代表チームと、日本が負けたにもかかわらずゴミ袋まで持参してまわりをきれいに掃除して去った日本応援団が、世界のメディアで話題になっていたころだ。

なぜ京都なのか?

Q 日本代表チームとその応援団に世界の言論の賛辞が降り注いでいます。

A 『それを見て驚いていることにもっと驚かされます。日本人のそのような行動は今にはじまったことではありません。ニュースのネタにならないのです。日本のどこにいってもゴミはおろかホコリひとつ落ちていません。一年中そのように生きているのが日本人です。』

Q 見た目はきれいでも、いざ中に入るとそうでもないという話も聞きます。

A 『本音と建前のお話のようですが、少なくとも私が知っている限りそのようなことはありません。家の中もきれいにして住んでいます。たとえ表と裏があったとしても、見た目に清潔で、表向きは親切で丁寧な態度をとることが悪いことであるとはいえません。』

李承信は大学生のとき、国際青少年会議に参加するため日本を始めて訪問して以来、一〇〇回以上日本に行っている。二〇一五年から一年半は、日本の古典文学を勉強するために長期滞在しもした。

Q 日本のサッカー代表チームに賛辞ばかりがあったわけではありません。グループステージでの最後の競技で終了を前に一〇余分間ボールを回す「お散歩サッカー」で批判をたくさん浴びました。

A 『監督の立場としては一六強への進出がもっと重要だったのでしょう。そのために監督は批判されてもボールを回す選択をしたのであり、選手たちはそれに従ったのです。他の国の監督でも似たような選択をしないでしょうか。』

Q 訪問者としての京都に対する印象を「胸の奥の遥かな故郷のような感じ」とおっしゃっていますが、いざ住んでみていかがでしたか。

A 『世界の人々が感嘆する京都の古色蒼然とした建築物と遺跡地をみるたびに、朝鮮半島から海を渡っていった私たちの祖先たちの手を感じます。何日間かの訪問だけだったら今もそれが全部だったでしょう。京都で過ごしてみてそれが全てではないことに気づきました。朝鮮半島から渡っていった私たちの祖先とその後裔たちがつくり、教えたことは事実ですが、それを保存し、新しいもののために古いものを壊すことなく粘り強く命脈を保ちつつ、自らの文化として昇華させてきた日本人の見事なほどの成就と努力、その精神に頭を下げざるをえませんでした』

Q つまり、韓国ほどに日本も素晴らしいということですか。

A『玄海灘を越えてこのような偉大な文化を成した祖先のDNAが、私たちの中にあるという気づきは、戦慄であり自負心です。吏読と郷札からなる私たちの郷歌と俗謡に由来する短詩が日本で短歌として発展し、日本人がこんなにも大切に思う文化遺産となり、フランス、イギリス、アメリカのような先進国では、学校でそれを教えてもいます。私がぜひともいいたいのは、祖先のそうしたDNAを私たちは持っているので、その気にさえなれば、日本以上にうまくやれるということです。』

Q 根っこはずいぶん重なっていますが、今韓国と日本はかなり異なっています。

A『たとえば、韓国人はありがとうという言葉を一度だけ口にしますが、日本人は相手がもうやめてくださいというまで五回でも六回でもお辞儀します。いとこもまたいとこも会わずにいれば遠ざかるように、歳月が流れる中で互いに遠ざかり変わってしまったのでしょう。しかし、歴史を知っている日本人は自身の根に韓国があるということを認めています』

百済の流民二〇万人が玄海灘を越える

明治維新で一八六九年に東京に遷都するまでの約一一〇〇年間、京都は日本の首都だった。日本で七番目に大きな都市である京都には、寺刹だけでも一六〇〇寺を越える。故宮と遺跡地も多い。桜と紅葉の名所としても有名だ。情報技術(IT)等の先端産業のメッカでもある。京都大学は科学分野で一〇名のノーベル賞受賞者を輩出しもした。

花だけの春などあろうはずもなし

Q 日本には東京があり大阪もあるのに、よりによってなぜ「京都」なのですか。

A『日韓関係が好くなることを願って、京都を接点としてみたのです。京都にいけば韓国からは消えてしまった遠い昔の故郷が感じられ、その都市と文化をつくるのに大きく寄与した百済と高句麗、新羅と伽耶人の息吹が感じられます。弟に教える兄の大きな心で日本を抱き、根をともにする隣国日本と手をとりあって未来に向かわなければなりません。京都に行けば私たちが目指すべき日韓関係の未来が見えます。』

Q 言葉だけでは何にもなりません。日韓両国が好い関係になるには、どのような実践的努力が必要でしょうか。

A『票稼ぎしか頭にない政治家にだけ期待するのではなく、両国の人々が会って心と心でやりとりすることが重要です。あれこれの繋がりで日本と個人的な縁のない韓国人はほとんどいないはずです。日本での晩学で今更ながら気づきましたが、日本人は本当に「心」を大切にします。私たちが伝えた仏教の影響かもしれません。その昔、私たちの祖先たちがそうだったということです。私の母が「切実な望みが一つ吾れにあり諍いのなき国と国なれ」と詠んだ短歌の一行には、人生そのものを抱いてきた切々たる心が込められていると思います。』

二〇〇三年に逝去した李承信の母孫戸妍は、日本の伝統詩である短歌歌人として韓国よりも日本でよく知られている。二〇〇〇首を越える作品を残した。三一音からなる短歌は、一七音からなる俳句とともに、日本人が最も大切にしている文学ジャンルだ。孫戸妍は日本の天皇から短歌の大家として皇居に招請され、韓国の歌人である彼女の短歌を愛する日本人たちが、その歌碑を青森の六ヶ所村に建てた。

京都で私たちの祖先の息吹を感じる

Q その切実な思いが互いに一つにならねばならないのではないですか。

A『そうです。両方とも互いに心を開き、心で向き合わねばなりません。ことあるごとに出会い、交流しながら互いを理解しようと努力しなければなりません』

Q 民間交流が重要だということですか。

A『私たちも日本も互いに互いの歴史を知らないことに問題があります。歴史を歪曲することはもちろん過ちです。根っこをさかのぼれば韓国と日本は切っても切れない関係なのです。六六三年、白村江の戦いで日本の支援を受けた百済の復興軍が新羅唐連合軍にやぶれ、日本に渡っていった百済の流民だけでも二〇万人いたといいます。王族と貴族はもちろん、学者、高位官僚、知識人から、職人と技術者、一般の民にいたるまで多様な階層の流民が海を渡り、日本に先進文物と文明を伝播しました。

こうした歴史を互いに認め学びあう姿勢を持たなければなりません。そして、両国の関係を長い目でみなければなりません。嫌いだからといって引越しできるわけではないのですから。首脳会談や政治家の努力で両国関係が好くなることを待っていたら、歳月だけが過ぎてしまいます。互いにとって損です。何度も会って心と心が通じれば愛が芽生え恋をするように、日韓関係もそうならなければなりません。』

Q 今、政府にいいたいことがあれば。

A 『私たちが統一された先進国になるためには、日本と手を結ばなければなりません。アメリカの圧力によりいやいや手を握るのではなく、自発的かつ積極的に手をとるべきです。それは私たちにとっても利益です。今は北朝鮮にオールインする一方で、日本を無視して放置してパッシングする雰囲気です。統一のためにはアメリカと中国も重要ですが、日本も必要です。文在寅大統領は金正恩委員長に日本の総理とも会うことを薦めなければなりません。私たちがそうした心を持って努力すれば、日本は心からありがたく思うはずです』

◇　◇　◇

二〇年間米滞在アメリカ通にして日本通
『年齢は明かさないのが原則』

李承信はもともとはアメリカ通だ。梨花女子大の英文科を卒業後、留学し二〇余年間アメリカに住んだ。二〇一一年の東日本大震災のとき、傷心の日本人を見つめ、心で詩を書いたことが日本通として知られる契機となった。「花だけの春などあろうはずもなし」というタイトルの詩集は、日韓両国でベストセラーとなった。詩集「息を止めて」を読んだ朴槿惠前大統領が、李承信に直接電話をしてきて感動を伝えたというエピソードがある。大統領になる前のことだ。

「最初はちょっと負担に思ったことも事実です。しかし、世界を経験して勉強することで生じたグローバルな眼識で見た方が、日本だけを深く掘り下げるよりも日本をもっとよく見ることができるのではないかと思います。」日本通として知られることを負担には思いませんかという質問に対する答えだ。平壌出身で高位公職に携わった亡父から、『何をするにせよグローバルな眼識をもってグローバリーにせよ』という言葉を幼いころから聞いて育ったという。

彼女はインタビューに際して年齢を明かさないことを原則としている。よい趣旨の発言でも年齢が邪魔をし、その意味と内容が歪曲されたり、読者が偏見を持つことがある、というのがその理由だ。

ペ・ミョンボク コラムニスト・記者

産経新聞

〔外信コラム〕ソウルからヨボセヨ

二〇一一年一〇月八日

感動と激励の短歌集

何ごとぞまさしくこれは何ごとぞ世の終末か言葉失う

惨事にもなお慎ましきその列は切なる祈り吾らへの教示

危機の中さらに際立つ真(まこと)の美日本の配慮と忍耐こそは

韓国人として初めて日本の宮中歌会始に招かれた歌人、孫戸妍(ソン・ホヨン)さん(1923～2003)を母に持つ詩人、李承信(イ・スンシン)さんが最近、東日本大震災の　日本人に思いを寄せた詩集『花だけの春などあろうはずもなし－短歌で綴る日本人への手紙』を韓国で出版した。

彼女はソウルで『文化空間』としてギャラリー・レストラン「ザ・ソホー」の代表でもあり、短歌を通じ日韓の理解と和解を詠み続けた母の志を継ぎ、これまで母の歌集の韓国語や英語への翻訳出版、朗読会やコンサートなど記念イベントを開き、2008年には日韓文化交流基金賞を受賞した。

歌詠みの母なら君に伝えしを同じ痛みを分かつ心を

その節制、忍耐、配慮、その毅然、　亡き母の内に吾見たるもの

大人なら心で泣けと諭し母心で泣く君見て思い出す

日本人を「君」と呼びかけ感動と激励を詠んだ短歌は約200首。韓国語訳も付いている。

先駆けて進む国のみ示しうる犠牲と毅然きぜん　言葉少なに
一握の光かざして踏み出せばすでに遠くにかすむ悲しみ

黒田勝弘

私の詩の歌が日韓の疎通に役立てば

「短歌」継承者　李承信詩人

ＮＨＫラジオ音楽祭参席

日本の定型詩短歌の継承者である李承信詩人が、日韓友好増進を願って書いた詩の歌が、再び日本に響き渡った。

李氏は、二三日「昨年に引き続き今年も二五日に日本の秋田市で開かれるＮＨＫラジオ歌謡音楽祭に参席してスピーチすることになり、私の詩に日本の作曲家が曲をつけた「花切手」という歌が演奏される予定」とし、「硬直した日韓関係に文化と音楽を通した文化外交によって寄与できるように願う」と明らかにした。

李氏は歌人であった母の孫戸妍（一九二三―二〇〇三）の後を継ぎ、二代目として短歌を詠んでいる。短歌は韓国の百済人が日本にもたらしたものといわれ、韓国内からは消えてしまったが、日本では正統な国詩としての地位を得ている。孫戸妍歌人は「短歌の名人」として日本でその名が高い。

李氏は二〇一一年三月に発生した東日本大震災の当時、「花だけの春などあろうはずもなし」というタイトルで二五〇余首の短歌を書き、これを日本語で出版して現地で大きな反響をまき起こした。そのときの縁で高齢ながら京都の同志社大学に留学して文学を研究し、最近帰国した。今回演奏される「花切手」は、李氏の持続的な日韓文化交流の結実でもある。東京で開かれた李氏の出版記念会に参席して感銘を受けた有名ジャーナリストにして声楽家の橋本明氏が、日本全国ラジオ歌謡連盟会長の工藤雄一博士に依頼して完成したものだ。

橋本明氏は明仁様の同期生であり、ご学友として尊敬されている人物だ。彼は今回、李氏の詩に日本で曲がつけられた背景を語り、オーケストラとともに合唱団に加わり「花切手」を歌う。李氏はスピーチの後、舞台に座ってそれを鑑賞することになる。

李氏は、「日本の名曲を紹介する伝統あるＮＨＫラジオ歌謡音楽祭で、二年連続で私の詩の歌が響き渡ることになりとても嬉しく思います。この歌には日韓友好の思いが込められています。生涯一行の詩である短歌を通して愛と平和を詠った母の志を称え、文学と音楽という芸術が両国民の心を開くきっかけとなることを願います」と語った。

キム・イング　記者

三陸新報

萬有流転

二〇一四年 三月 六日

三月一一日で、東日本大震災から丸三年を迎える。今年も気仙沼市と南三陸町で追悼式が行われ、震災犠牲者の冥福を祈り、早期復興への誓いを新たにする(既報)。政府主催で安倍晋三首相の式辞、天皇陛下のおことばがある。

被災地に暮らす人たちはこの三年、それぞれに紆余曲折があったことだろう。大変な日々ではあったが、全国、全世界の人たちに助けられながらここまで来た。たくさんの義援金を頂き、歌や演劇、踊りなどなど、元気のもととなる応援も数えきれない。

同日、近代短歌の父である落合直文の生家、片浜・煙雲館で「能楽の心と癒しをあなたに」と題して、能のミニ公演会が午後一時から開かれる。観世流・八田達弥さんの「羽衣」がそれ。またその後、昨年、南町の「カドッコ」で行われた韓国歌人、李承信(イ・スンシン)さんの朗読会が同三時まで行われる。

李さんは、韓国人として初めて日本の宮中歌会始に招かれた歌人、孫戸妍(ソン・ホヨン)さんの娘で、短歌を通じ、日韓の理解と和解を詠み続けた孫さんの遺志を継いで、現在に至る。

「切実な望みが一つ吾にあり諍いのなき国と国なれ」。

皆が同じ思いとなり、韓国と新しい関係を構築したい。

東京プレスセンター　2013年3月7日

〈短歌で綴る日本人への手紙〉が与える感動

詩人の李承信さんは、韓国人として数多くの優れた短歌を残し日本と韓国の友好関係に多大な貢献をはたした歌人孫戸妍さんの長女である。彼女がいま韓国の詩人として活躍しているのは、その母親譲りの感性と才能によるものだろう。

李承信さんについて話そうとすれば、その母親であり歌人だった孫戸妍さんの話をしなければならない。ずいぶん昔のことだが、私が務めていた大学に一人の女学生が紹介状をもって訪ねてきた。それが孫戸妍さんだった。

孫戸妍さんの、そのときの印象、あるいはうかがいしれる熱意、そしてまた、終戦後にも韓国唯一の短歌歌人としてずっと短歌を作ってきたという事実に私は大変驚き、感銘を受けた。

いま、こうして承信さんが日本で短詩集を出すのみならず、それに関するさまざまな行事を世界中でしていることに私は驚き、感多々なるものがある。当時孫戸妍さんは、韓国で短歌の「た」の字も口にできず、人から後ろ指をさされて非難される、そういう中で終始黙って、一人で短歌をつくっていたと言っていた。

ところが、いまでは日本でも韓国でも、その他のところでも盛んにこんなふうに、承信さんの短歌活動が公に認められている、これはやはりなんだかんだと言っても、ここには平和への足音が少しずつ聞こえているのだと、確かにそう感じる。かつて聞いたようなことは今想像だにできない。

それでは、その夢を実現した人は誰だったのか。そう思うとき、孫戸妍さんの力は非常に大きいと私は思うのだ。韓国で試練を受けながらも、終始こつこつと短歌を作り続けた。その短歌の一首を訪韓した小泉総理が朗詠したことがあるが、これは小泉総理がその短歌に両国の架け橋になってほしいという願いを託したと

中西 進, 崔書勉, Peter 玄 - 孫戸妍 10周忌

いうことだ。

ほんとうに気の細かい気遣いをされる方で、愛情たっぷりの人だった。しかも、その愛情というものは強さに裏付けられていた。

孫戸妍さんの強さとは何か。彼女は東京留学後に韓国に帰国しソウルで教鞭をとっていたときに終戦にあったわけだが、その後も彼女は自身の心を詩で表現した。しかもそれが短歌という詩形だったわけだ。

「時代が変われば表現形式が変わるのは当然だ」、人はそう思うかもしれない。しかし、人の肉体に染み付いた言語というものは変らない。しかも心の表現のパターンというものは変らないと私は思う。

自ら選んだ短歌という表現形式。それは日本に義理があったとかいうものではない。その形式を「時代がこう変ったから」「今の国情はこうだから」変えようというのは、自己にとって偽りになる。自分を偽ることになる。自分を偽らないということの強さ、これこそが孫戸妍さんの強さだと思う。

去る2011年3月11日、東北日本を襲った未曾有の大震災およびそれに連動した原発事故は、多数の死者と甚大な損害を日本にあたえた。その悲惨なニュースはたちまちに世界にも伝わり、とくに母親とともに普段から日本と深い交流をもつ李承信さんを驚かせ、悲しませた。

この歌集は、その中からほとばしり出た短歌形式の詩である。

隣国が蒙った災害であるにもかかわらず、すぐにこうして悲しみを詠む彼女にわたしは深く感動し、その愛に尊敬の念を強く抱いた。

母である孫戸妍さんが生きていたら詠んだにちがいない短歌が、李承信さんからほとばしり出た。李承信さんが短歌形式の韓国詩をよむのは初めてではないだろうか。

そうさせるほどに凄まじかった災害の衝撃力を思うと同時に、国境をこえて心と心を結ばせる詩の力も大きく感じた。

母逝きて初めてこぼれ出た真情　心通う路　一行の詩

この詩がまさにそれを物語っている。

こうした李承信さんの詩は彼女がどれほど広く人類愛を願っているかをうかがわせる極めて清らかな歌である。そのことがわたしに大きな人類の連帯意識を今更ながらに感じさせてくれている。とりわけ李承信さんは「君」とよぶ人を相手としてよびかけたり、「君」を主語として日本での出来事を詠んでいる。

「君」とは誰か。じつは「君」とは「日本人」とかおきかえるべき架空の人称である。この巧みなことば遣いと発想にわたしは深く感動した。自然な心情の吐露であろう。

この災害について教えられることがたくさんある。

その心しかと見るべし悟るべし　病みし地球と人を治さば

どこへ行くどこへ逃げ出すこの星は　津波に地震地雷に戦争

わたしたちはそう覚悟をきめて、みずから地球浄化のためにともに立ち上がらなければならない。
日本人としてわたしは李承信さんに言おう。「ありがとう」と。

中西　進

日本の新年号「令和」を考案した万葉集研究の第一人者

なぜ,京都なのか2

私の住んだ町出町

왜 교토인가2

Why Kyoto2

發行 : 2022年 11月
著者 : 李承信 詩人 孫戸姸短歌研究所理事長
飜譯者: 成川彩 渡邉美香
發行所: 시가 詩家 Poets House
韓國 ソウル特別市 鍾路区 弼雲大路 17
17 Pirundaero Jongno-gu Seoul Korea 03039
電話 : +82-2-722-1999

email sonhoyunim@hanmail.net
www.leesunshine.com

ISBN 979-11-962613-3-7(03800)

定 價 : 2300 円
25000 원